Maria Rita Francia Biasir

Studio italiano

An Italian Course for Beginners

Workbook / Laboratory Manual

Guerra Edizioni

© Copyright 2003 - Guerra Edizioni, Perugia

ISBN 88-7715-688-0

5.	4.	3.	2.	1.
2007	2006	2005	2004	2003

Guerra Edizioni guru s.r.l.
Via A. Manna, 25
06132 Perugia (Italy)

Tel. +39 075 5289090 - Fax +075 5288244
e-mail:geinfo@guerra-edizioni.com
http:www.guerra-edizioni.com

CONTENTS

Preface

This manual is intended to be used together with the main textbook in order to provide students with additional written and oral exercises.

It is divided into two main parts: the Workbook and the Laboratory Manual. The Workbook's exercises are based on the grammatical points and vocabulary presented in each chapter of the textbook and should always be done in written form.

The Laboratory exercises, on the other hand, require an oral answer, even though a written response is often recommended for further improving the student's writing skills.

The script for the Laboratory Manual (and the corresponding compact discs) is based on the following sections of each regular chapter of Studio Italiano:

1. Per Cominciare: the beginning dialogue
2. Prima Lettura: the first part
3. Seconda Lettura: a synopsis
4. Filastrocche: one out of four

For the Preliminary chapter the title of each section used will be indicated. A pause sign (///) indicates that the student should repeat after the speaker.

All readings are followed by questions. Usually the questions are exactly the same as those found in the main textbook, but there are a few exceptions. After each question a blank line indicates that an oral as well as a written response are required.

The answers to all the questions of the Laboratory Manual are given in the compact discs, while the answers to all the exercises of the Workbook are found at the back of this manual.

WORKBOOK

Capitolo preliminare

A. Giorni della settimana
B. Espressioni di cortesia e saluti
C. Colori
D. Numeri (da zero a venti)
E. Tu e Lei - Frasi affermative, interrogative, negative

A. Fill each blank with the name of the day that either precedes or follows the indicated one.

1. . . . . giovedì
2. lunedì . . . .
3. . . . . lunedì
4. venerdì . . . .
5. . . . . martedì
6. mercoledì . . . .
7. . . . . sabato

B. Come si dice?...

1. Thank you . . . .
2. Good day . . . .
3. Please . . . .
4. So long . . . .
5. Good night . . . .
6. See you soon . . . .
7. Good evening . . . .
8. Hi . . . .

C. Come si dice?...

1. green . . . .
2. yellow . . . .
3. white . . . .
4. brown . . . .
5. gray . . . .
6. red . . . .
7. black . . . .
8. blue . . . .

D. Fill each blank with the number that either precedes or follows the indicated one.

1. . . . . quattro
2. otto . . . .
3. . . . . tre
4. undici . . . .
5. . . . . diciannove
6. cinque . . . .
7. . . . . quattordici
8. sedici . . . .

E. 1. Come si dice in italiano?... Translate the following sentences using either the formal or the informal address as indicated in parentheses.

1. Good morning Mr. Rosselli (f.) . . . .
2. Hi Arturo, how are you? (inf.) . . . .
3. Not bad, thank you and you? (inf.) . . . .
4. I am fine, thank you (inf.) . . . .
5. Good afternoon Mrs. Montorsi (f.) . . . .
6. Good evening professor Corsi (f.) . . . .
7. Pleased to meet you, Miss Benati (f.) . . . .
8. So long (f.) . . . .

E. 2. Come si dice in italiano?... Translate the following sentences using either the formal or the informal address as indicated in parentheses.

1. Excuse me, do you speak English? (f.) . . . .
. . . .
2. No, I don't speak English, but I speak French and you? (f.) . . . .
. . . .
3. I speak English, Italian and Spanish . . . .
4. Where are you from? (inf.) . . . .
5. I am from Bari, but I live in Rome; and you? (inf.) . . . .
. . . .
6. I am from Milan, but I live in Verona . . . .
7. Hi, what's your name? (inf.) . . . .
8. My name is Franco. Pleased to meet you (inf.) . . . .
. . . .

Capitolo 1 - **Incontri**

A. L'alfabeto e i nomi
B. L'articolo determinativo
C. L'articolo indeterminativo
D. Nomi invariabili al plurale
E. Il verbo essere - Chi è / chi sono? - Che cos'è?/ che cosa sono?
F. Ecco - C'è / ci sono - Dov'è / dove sono
G. Le stagioni e i mesi
H. I numeri (superiori a venti e di telefono)

A.1. Indicare il genere (maschile o femminile) di ogni nome scrivendo M o F .
(Indicate the gender (masculine or feminine) of each noun by writing M or F).
Esempio: gatto <u>M</u>

1. pera . . . . quadro . . . .
2. barca . . . . oca . . . .
3. vaso . . . . mela . . . .
4. fungo . . . . tavola . . . .
5. uccello . . . . zaino . . . .
6. sedia . . . . espresso . . . .
7. isola . . . . donna . . . .
8. ragazzo . . . . luna . . . .

A. 2. Formare il plurale (Form the plural).

1. luna . . . .
2. quadro . . . .
3. donna . . . .
4. ragazzo . . . .
5. uccello . . . .
6. vaso . . . .
7. pera . . . .
8. espresso . . . .
9. mela . . . .
10. tavola . . . .
11. sedia . . . .
12. naso . . . .

B. Aggiungere l'articolo determinativo ai seguenti nomi e poi fomare il plurale
(Add the definite article to the following nouns and then form the plural).
Esempio: casa .... la casa – le case

1. ragazzo . . . .
2. mela . . . .
3. isola . . . .
4. luna . . . .
5. uccello . . . .
6. vaso . . . .

7. pera . . . .
8. espresso . . . .
9. sedia . . . .
10. zaino . . . .
11. fungo . . . .
12. quadro . . . .

C. Aggiungere l'articolo indeterminativo ai seguenti nomi e poi formare il plurale (Add the indefinite article to the following nouns and then form the plural).
Esempio: *casa.......* *una casa – alcune case*

1. carta geografica . . . .
2. cassetto . . . .
3. aula . . . .
4. foglio . . . .
5. stanza . . . .
6. pavimento . . . .
7. penna . . . .
8. libro . . . .
9. lavagna . . . .
10. tappeto . . . .
11. porta . . . .
12. quaderno . . . .

D. 1. Formare il plurale.
Esempio: *la bici – le bici*

1. il cinema . . . .
2. il film . . . .
3. l'auto . . . .
4. il tè . . . .
5. lo sport . . . .
6. l'autobus . . . .

D. 2. Formare il plurale.
Esempio: *una bici – alcune bici*

1. una foto . . . .
2. un caffè . . . .
3. una città . . . .
4. un bar . . . .
5. un'università . . . .
6. un re . . . .

E. 1. Completare con la forma verbale corretta del verbo essere (complete with the correct verb form of the verb to be).

1. Tu . . . . una studentessa americana.
2. Io . . . . Giorgio.
3. Lei . . . . una ragazza spagnola.
4. Noi . . . . di Roma.
5. Voi . . . . di Torino.
6. Loro . . . . insegnanti di italiano.
7. Gina e Lucia . . . . di Napoli.
8. Vladimir . . . . russo.

12

E. 2. Completare.

1. Chi è Carlo? Carlo . . . . uno studente italiano.
2. Chi sono Gianni e Paolo? Gianni e Paolo . . . . due ragazzi di Genova.
3. Che cos'è questo? Questo . . . . un libro di cinese.
4. Che cosa sono quelli? Quelli . . . . quaderni.

F. 1. Formare il plurale.

Esempio: *Ecco il gatto....... Ecco i gatti*

1. Ecco il libro . . . .
2. Ecco la matita . . . .
3. Ecco il quaderno . . . .
4. Ecco la mela . . . .
5. Ecco il caffè . . . .
6. Ecco la finestra . . . .
7. Ecco lo zaino . . . .
8. Ecco il foglio . . . .

F. 2. Formare il plurale.

Esempio: *C'è la borsa qui....... Ci sono le borse qui*

1. C'è il bambino lì . . . .
2. Dov'è il libro? . . . .
3. C'è la sedia là . . . .
4. Dov'è il quaderno? . . . .
5. C'è la finestra qui . . . .
6. Dov'è la matita? . . . .

G. Completare con il nome della stagione o del mese che precede o segue quello indicato. (Complete with the name of the season or of the month that precedes or follows the indicated one)

1. . . . . estate
2. autunno . . . .
3. . . . . novembre
4. febbraio . . . .
5. . . . . settembre
6. marzo . . . .
7. . . . . agosto
8. dicembre . . . .
9. . . . . giugno

H. 1. Completare con il numero che precede o segue quello indicato (Complete with the number that precedes or follows the indicated one)

1. ventidue . . . .
2. trentotto . . . .
3. . . . . quarantasette
4. sessantasei . . . .
5. . . . . ottantanove
6. cinquantadue . . . .
7. . . . . duecentosei
8. ottocentoquattordici . . . .
9. . . . . trecentotredici

10. novantanove . . . .

11. . . . . milletrecentosettantasette

12. tremilacinquecentoquarantadue . . . .

H. 2. Scrivere ogni numero di telefono in lettere.
(Write each telephone number in letters)

Esempio: *82 - 55 - 48 ottantadue-cinquantacinque-quarantotto*

1. 87 - 42 - 31 . . . .

2. 72 - 56 - 24 . . . .

3. 40 - 38 - 72 . . . .

4. 93 - 67 - 89 . . . .

5. 68 - 59 - 81 . . . .

6. 88 - 33 - 91 . . . .

7. 76 - 35 - 44 . . . .

8. 29 - 64 - 96 . . . .

Capitolo 2 - **Turisti**

A. Gli aggettivi
B. Il superlativo assoluto
C. Nomi e aggettivi in -e
D. Il verbo avere
E. Molto vs. molta / molto / molte / molti
F. Le preposizioni semplici - Le preposizioni "in" e "su" + articolo
G. Quanto e Quale

A. 1. Formare il plurale.

Esempio: *Questa matita è gialla.* *Queste matite sono gialle.*

1. Questo ragazzo è fortunato . . . .
2. Quella penna è rossa . . . .
3. Quella casa è piccola . . . .
4. Questa aiuola è bella . . . .
5. Il tè è caldo . . . .
6. L' università è nuova . . . .
7. La bambina è magra . . . .
8. Lo studente è bravo . . . .

A. 2. Completare ogni frase con l'aggettivo opposto, come indicato nell'esempio. (Complete each sentence with the opposite adjective, as indicated in the example)

Esempio: *Questo albergo è nuovo; quello, invece, ... è vecchio*

1. Piera è calma; Luisa, invece, ...
2. Questi bambini sono cattivi; quelle bambine, invece, ...
3. Rossana è molto grassa; Gisella, invece, ...
4. Questi libri sono costosi; quelli, invece, ...
5. Il signor Bondi è generoso; la signora Costi, invece, ...
6. Tu sei ricco; io, invece, ...
7. Gigi è alto; Piero, invece, ...
8. Questo caffè è caldo; quello, invece, ...

B. Rispondere usando il superlativo assoluto.

Esempio: *È bella Grazia? . . . . È bellissima.*

1. Sono nuove queste case? . . . .
2. È bravo a scuola Giovanni? . . . .
3. Sono vecchi questi castelli (castles)? . . . .
4. È povera questa signora? . . . .
5. Sono grassi questi gatti? . . . .

6. È nervoso Giorgio? . . . .
7. Sono intelligenti quelle donne? . . . .
8. È buono il cappuccino? . . . .

C. 1. Formare il plurale.
   Esempio: *la casa è grande .... le case sono grandi*

1. Questa macchina è molto veloce . . . .
2. La signorina è molto intelligente . . . .
3. La nave è nuova . . . .
4. Questo cane è bellissimo . . . .
5. Il professore è generoso . . . .
6. Questa mela è verde . . . .
7. Lo studente è giovane . . . .
8. Il dottore è molto ricco . . . .

C. 2. Formare il singolare.
   Esempio: *le case sono grandi .... la casa è grande*

1. Le sedie sono molto utili . . . .
2. Le studentesse sono tristi . . . .
3. Le città sono interessanti . . . .
4. Questi esercizi sono facili . . . .
5. I bambini sono felici . . . .
6. Questi fogli sono inutili . . . .
7. Gli insegnanti sono gentili . . . .
8. Questi libri sono difficili . . . .

D. 1. Sostituire il soggetto della frase con quelli indicati tra parentesi, come nell'esempio.
   Esempio: *Rosa ha una penna (tu, lei, noi) .... tu hai una penna; lei ha una penna; noi abbiamo una penna*

1. Io ho una casa grande (tu, Carlo, noi) . . . .
   . . . .
2. Voi avete una macchina nuova (lei, noi, tu) . . . .
   . . . .
3. Tu hai venti libri (lui, io, voi) . . . .
   . . . .
4. Giulia ha una bella borsa (loro, io, tu) . . . .
   . . . .
5. Piero e Carla hanno otto matite (noi, tu, lei) . . . .
   . . . .
6. Il dottor Barozzi ha una moto blu (io, loro, noi) . . . .
   . . . .
7. Noi abbiamo due biciclette (lei, io, voi) . . . .
   . . . .
8. La signora Benvenuti ha molti quadri (voi, tu, loro) . . . .
   . . . .
9. Tu hai una Ferrari (lui, io, voi) . . . .
   . . . .

10. Noi abbiamo molti quaderni nuovi (lei, io, voi) . . . .

. . . .

11. Le ragazze hanno molte penne nere (noi, tu, lei) . . . .

. . . .

12. Giorgio ha cinquemila Euro (loro, io, tu) . . . .

. . . .

D. 2. Scrivere 6 frasi usando il verbo avere
(Write 6 sentences using the verb "to have")

1. . . . .

2. . . . .

3. . . . .

4. . . . .

5. . . . .

6. . . . .

E. Completare con la forma corretta di "molto": molto - molta - molti o molte

1. Io ho . . . . amiche.

2. Patrizia ha . . . . pazienza.

3. Il professor Zironi ha . . . . studenti in classe.

4. Queste automobili sono . . . . .veloci.

5. I ragazzi hanno . . . . penne e . . . . quaderni.

6. Alessandro sta . . . . .bene oggi.

F. Completare con la preposizione adatta. Scegliere tra le seguenti (choose among the following): sulla - nel - in - di - nella - con - a - nell' - per - sul

1. Questo è il libro . . . . francese.

2. Gianni abita . . . . Roma.

3. Questo vaso è . . . . la mamma.

4. Ci sono molti studenti . . . . questa scuola.

5. Cinzia è . . . . Gino questa sera.

6. Le matite sono . . . . cassetto.

7. L'insegnante è . . . . aula.

8. Il libro è . . . . banco.

9. Le chiavi sono . . . . borsa nera.

10. Il giornale è . . . . tavola.

G. Completare con la forma corretta di Quanto o Quale.

1. . . . . costa questa barca? Costa 50.000 Euro.

2. . . . . libro hai? Ho il libro di spagnolo.

3. . . . . giornali avete? Abbiamo il giornale francese e quello italiano.

4. . . . . matite hai? Ho tre matite.

5. . . . . bambini ci sono in questa stanza? Ci sono 18 bambini.

6. . . . . pasta hai per la festa (party)? Ho tre chili di pasta.

Capitolo 3 - **Amici e nemici**

A. I verbi regolari in -are - La sera, la mattina, il lunedì, il martedì...
B. Parole simili e falsi amici
C. I verbi regolari in -ere
D. I verbi regolari in -ire
E. Gli avverbi quantitativi
F. Plurali particolari (in "co", "go", "ca", "ga")
G. Di + articolo - Di chi è / di chi sono?
H. Coniugazioni a confronto

A. 1. Completare ogni frase con la forma verbale corretta (Complete each sentence with the correct verb form).

Esempio: *Io (suonare) .... il piano. Io suono il piano.*

1. Anna e Stefano (lavorare) . . . . in un supermercato.
2. Noi (cantare) . . . . in chiesa la domenica.
3. Giorgio (studiare) . . . . molto per gli esami.
4. Tu (telefonare) . . . . a Paola ogni settimana.
5. Il professor Forni (spiegare) . . . . le regole grammaticali.
6. Giulia (guardare) . . . . spesso la televisione la sera.
7. Voi (mangiare) . . . . la pizza ogni sabato sera.
8. Io (guidare) . . . . una macchina veloce.

A. 2. Sostituire il soggetto della frase con quelli indicati tra parentesi, come nell'esempio.

Esempio: *Pina mangia il panino (io, tu, loro) .... Io mangio il panino; tu mangi il panino; loro mangiano il panino.*

1. Maria abita a Verona (tu, io, noi) . . . .
   . . . .
2. Tu insegni l'italiano (anch'io, anche lei, anche voi) . . . .
   . . . .
3. Gianni non ricorda il numero di telefono di Rosa (i ragazzi, noi, tu) . . . .
   . . . .
4. Lucia e Alberto suonano molto bene il pianoforte (Carla, voi, io) . . . .
   . . . .
5. Voi cominciate la scuola domani (anch'io, anche tu, anche lei) . . . .
   . . . .
6. Gli studenti imparano la lezione (noi, Giovanni, Teresa) . . . .
   . . . .
7. Caterina parla molte lingue straniere (voi, noi, io) . . . .
   . . . .
8. Noi giochiamo con i bambini (voi, Roberto, tu) . . . .
   . . . .

A. 3. Scrivere 6 frasi usando 6 verbi che finiscono in -are (Write 6 sentences using 6 verbs ending in -are)

1. . . . .
2. . . . .
3. . . . .
4. . . . .
5. . . . .
6. . . . .

B. Scrivere l'equivalente in italiano delle seguenti parole:

1. intelligent . . . .
2. famous . . . .
3. exactly . . . .
4. generous . . . .
5. university . . . .
6. solution . . . .
7. society . . . .
8. station . . . .

C. 1. Completare ogni frase con la forma verbale corretta (Complete each sentence with the correct verb form)

1. Voi (leggere) . . . . molti romanzi (novels).
2. Tu (spendere) . . . . troppi soldi (money).
3. Il professor Rivi (prendere) . . . . l'autobus.
4. Io (scrivere) . . . . una lettera a Rinaldo.
5. Elisa (rispondere) . . . . al telefono.
6. Noi (vedere) . . . . la signorina Rossi tutti i giorni.

C. 2. Sostituire il soggetto della frase con quelli tra parentesi, come indicato nell'esempio.

Esempio: *Marisa riceve una lettera (io, tu, loro) . . . . io ricevo una lettera; tu ricevi una lettera; loro ricevono una lettera.*

1. Questa bambina piange spesso (loro, voi, tu) . . . .
. . . .
2. Voi vendete la macchina (noi, lui, tu) . . . .
. . . .
3. Isabella mette il libro sul banco (loro, lei, io) . . . .
. . . .
4. Noi chiudiamo la porta (tu, voi, lui) . . . .
. . . .
5. Io ripeto la domanda (lei, noi, tu) . . . .
. . . .
6. Tu dipingi la casa (lei, voi, io) . . . .
. . . .

D. 1. Completare ogni frase con la forma verbale corretta (Complete each sentence with the correct verb form)

1. Pina (preferire) . . . . mangiare la pizza questa sera.
2. I bambini (dormire) . . . . tutta la notte.
3. Noi (offrire) . . . . un caffè a Gianni.
4. Tu (capire) . . . . benissimo il francese.
5. Voi (partire) . . . . per il Giappone giovedì prossimo.
6. Io (sentire-to hear) . . . . un rumore (noise).

D. 2. Sostituire il soggetto della frase con quelli indicati tra parentesi, come nell'esempio.

Esempio: *Giacomo dorme sul sofà (io, tu, loro)* .... *io dormo sul sofà; tu dormi sul sofà; loro dormono sul sofà.*

1. Io finisco il compito (lei, noi, loro) . . . .
. . . .
2. Tu pulisci la casa ogni mattina (io, voi, lui) . . . .
. . . .
3. Sandro parte domenica (loro, tu, io) . . . .
. . . .
4. La ragazza apre il cassetto (io, voi, noi) . . . .
. . . .
5. Noi seguiamo (seguire-to follow) gli amici (io, lei, tu) . . . .
. . . .
6. La mamma serve (servire-to serve) la cena (voi, loro, io) . . . .
. . . .

D. 3. Scrivere 8 frasi usando 4 verbi che finiscono in -ere e 4 che finiscono in -ire (Write 8 sentences using 4 verbs ending in -ere and 4 ending in -ire).

1. . . . .
2. . . . .
3. . . . .
4. . . . .
5. . . . .
6. . . . .
7. . . . .
8. . . . .

E. Completare ogni frase con uno dei seguenti avverbi: poco, pochissimo, molto, troppo.

1. Gianni è molto magro, perchè mangia . . . .
2. La signora Grossi è molto grassa, perchè mangia e beve (drinks) . . . . .
3. Tu non sei molto bravo a scuola, perchè studi . . . .
4. Costa . . . . questa casa? Sì, costa moltissimo.

F. Formare il plurale

1. l'amico . . . .
2. la riga (line) . . . .
3. il fungo . . . .
4. la barca . . . .
5. tedesco (German) . . . .
6. bianco . . . .
7. greco . . . .
8. simpatico . . . .

G. Completare con la forma corretta di "di + articolo" (Complete with the correct form of "di +article")

1. Che cosa mangi? Mangio . . . . pane con il formaggio.
2. Che cosa comprate? Compriamo . . . . pere.
3. Di chi è questa penna? È . . . . insegnante di matematica.
4. Di chi sono questi quaderni? Sono . . . . studenti.
5. Di chi è la bicicletta gialla? È . . . . ragazzo spagnolo.
6. Di chi sono questi quadri? Sono . . . . signora Righi.

H. Completare ogni frase con la forma verbale corretta (Complete each sentence with the correct verb form).

Esempio: *Luisa (studiare)* .... *molto. Luisa studia molto.*

1. Il cameriere (aprire) . . . . la porta del ristorante.
2. Noi (scrivere) . . . . alcune cartoline (postcards) dall'Italia.
3. Io (guardare) . . . . una foto molto interessante.
4. Teresa (parlare) . . . . con Remo.
5. Voi (prendere) . . . . un caffè corretto al bar.
6. Tu (mangiare) . . . . al ristorante ogni giorno.
7. Voi (vendere) . . . . .la macchina vecchia oggi.
8. Il papà (dormire) . . . . sempre troppo poco.
9. I tuoi (your) fratelli (pulire) . . . . la casa spesso.
10. La zia (capire) . . . . tre lingue straniere.
11. Io (mettere) . . . . gli occhiali (glasses) sul libro.
12. Tu (preparare) . . . . il pranzo adesso.

Capitolo 4 - **Città e campagna**

A. Gli aggettivi possessivi
B. I pronomi possessivi
C. Le espressioni di tempo
D. Le espressioni con avere
E. I numeri ordinali (da primo a decimo)
F. Le preposizioni "in" e "a" con i termini geografici

A.1. Formare il plurale.

Esempio: *il tuo ombrello è nero* .... *I tuoi ombrelli sono neri.*

1. La nostra macchina è troppo vecchia.

. . . .

2. Il vostro ufficio è in centro.

. . . .

3. Il suo compito è molto difficile.

. . . .

4. La mia stanza non è abbastanza grande.

. . . .

5. La loro bicicletta è nuovissima.

6. La tua risposta è intelligente.

. . . .

7. Questo è il loro cane.

. . . .

8. Il mio gatto è sull'albero.

. . . .

A. 2. Formare il plurale.

Esempio: *Tua sorella è gentile* .... *Le tue sorelle sono gentili.*

1. Mio figlio è molto magro.

. . . .

2. Tua zia è sempre molto generosa.

. . . .

3. Nostro nipote è fortunato.

. . . .

4. Suo fratello scrive una lettera.

. . . .

5. La loro figlia gioca con il cane.

. . . .

6. Vostra madre canta spesso.

. . . .

A. 3. Scrivere 6 frasi usando gli aggettivi possessivi.

1. . . . .

2. . . . .

3. . . . .
4. . . . .
5. . . . .
6. . . . .

B. Completare con il pronome possessivo equivalente.

Esempio: *La tua amica parla molte lingue staniere; (mine) .... la mia, invece, parla solo italiano.*

1. Il mio libro è grosso; (his) . . . ., invece, è piccolo.
2. Le tue scarpe (shoes) sono vecchie; (mine) . . . ., invece, sono nuove.
3. Le amiche di Rosanna sono italiane; (ours) . . . ., invece, sono americane.
4. Nostra cugina è alta; (theirs) . . . ., invece, è bassa.
5. I loro figli sono simpatici; (hers) . . . ., invece, sono molto antipatici.
6. Mio padre è bruno; (yours–singular, informal) . . . ., invece, è biondo.
7. I tuoi occhi sono neri; (mine) . . . ., invece, sono blu.
8. I nonni di Elena sono tedeschi; (yours–plural, informal) . . . ., invece, sono russi.

C. Fa bello o fa brutto? Rispondere come indicato nell'esempio.

Esempio: *Fa caldo e c'è il sole .... Fa bello.*

1. Nevica e fa freddo. . . . .
2. C'è vento ed è nuvoloso. . . . .
3. C'è il sole ed è sereno. . . . .
4. C'è la nebbia e fa fresco. . . . .
5. Piove . . . .

D. 1. Completare ogni frase con una delle seguenti espressioni: hanno bisogno di - hai torto - ha quattro anni - abbiamo paura - ho fame - avete sete?

1. Io voglio mangiare subito, perchè . . . .
2. Quanti anni ha la tua bambina? . . . .
3. Mi dispiace, ma tu non hai ragione: . . . .
4. Noi . . . . dei serpenti (snakes).
5. Loro hanno lavorato troppo; ora . . . . riposare.
6. Ragazzi . . . . ? Ecco alcune bibite fresche.

D. 2. Scrivere 6 frasi usando le espressioni con avere.

1. . . . .
2. . . . .
3. . . . .
4. . . . .
5. . . . .
6. . . . .

E. Scrivere il numero ordinale che corrisponde a quello cardinale.

Esempio: *quattro .... quarto*

1. tre . . . .
2. otto . . . .
3. cinque . . . .

4. nove . . . .

5. due . . . .

6. dieci . . . .

7. sei . . . .

8. uno . . . .

9. sette . . . .

F. Completare con le preposizioni in, in + articolo o a.

1. . . . . campagna ci sono molti animali.

2. I suoi amici vivono . . . . Roma.

3. Milano si trova . . . . Italia settentrionale.

4. Mio fratello abita . . . . montagna.

5. Il Golden Gate si trova . . . . San Francisco.

6. Venezia si trova . . . . Veneto.

7. . . . . città ci sono molti negozi.

8. San Diego si trova . . . . California meridionale.

Capitolo 5 - **Ma che bella sorpresa!**

A. I verbi irregolari: andare, stare, venire e uscire
B. Preposizioni con i verbi andare, stare, venire e uscire
C. I verbi irregolari: fare, dare, sapere, dire
D. I verbi irregolari: potere, volere, dovere, bere
E. Buono-bello-quello
F. Il presente progressivo

A. 1. Sostituire il soggetto della frase con quelli indicati tra parentesi, come nell'esempio.

Esempio: *Tu mangi il panino (lei, lui, noi)* .... *lei mangia il panino; lui mangia il panino; noi mangiamo il panino.*

1. Io vado al lavoro in macchina (tu, lei, voi) . . . .

. . . .

2. Tu stai benissimo (loro, io, noi) . . . .

. . . .

3. Voi venite in biblioteca ogni venerdì (tu, loro, lui) . . . .

. . . .

4. Loro escono ogni sabato sera (lei, voi, tu) . . . .

. . . .

5. Carolina va a teatro spesso (io, noi, voi) . . . .

. . . .

6. Noi usciamo ora dall'ufficio (io, lei, loro) . . . .

. . . .

7. Anna sta a casa stasera (voi, loro, tu) . . . .

. . . .

8. Tu vieni con noi al supermercato (voi, lei, loro) . . . .

. . . .

A. 2. Scrivere due frasi per ognuno dei seguenti verbi (Write two sentences for each of the following verbs): andare, stare, venire e uscire.

1. . . . .
2. . . . .
3. . . . .
4. . . . .
5. . . . .
6. . . . .
7. . . . .
8. . . . .

B. Completare con le preposizioni da, a o in (+ articolo quando è necessario).

1. Io vado . . . . cinema con Rossella.
2. Giorgio va . . . . dottore oggi.
3. Noi abitiamo . . . . Londra.
4. Loro vengono con noi . . . . pasticceria.

5. Voi venite sempre . . . . ufficio a piedi.

6. Tu vai . . . . banca.

7. Io vengo . . . . Filippine.

8. Marta e Alessandro vanno . . . . chiesa ogni domenica.

C. 1. Sostituire il soggetto della frase con quelli tra parentesi, come indicato nell'esempio.

Esempio: *Tu mangi le patate (lei, lui, noi)* . . . . *lei mangia le patate; lui mangia le patate; noi mangiamo le patate.*

1. Noi facciamo un giro in città (voi, lei, tu) . . . .

. . . .

2. Io faccio una telefonata agli amici (noi, lei, loro) . . . .

. . . .

3. Voi dite sempre le stesse cose (lui, tu, loro) . . . .

. . . .

4. Il bambino dà un bacio alla mamma (io, voi, tu) . . . .

. . . .

5. Pierino dice sempre di no (io, tu, noi) . . . .

. . . .

6. Loro danno un passaggio al vecchio signore (tu, voi, lei) . . . .

. . . .

7. Io non so dov'è questo monumento (tu, loro, voi) . . . .

. . . .

8. Tu sai guidare benissimo (voi, loro, lui) . . . .

. . . .

C. 2. Scrivere due frasi per ognuno dei seguenti verbi (Write two sentences for each of the following verbs): fare, dare, sapere, dire.

1. . . . .

2. . . . .

3. . . . .

4. . . . .

5. . . . .

6. . . . .

7. . . . .

8. . . . .

D. 1. Sostituire il soggetto della frase con quelli indicati tra parentesi, come nell'esempio.

Esempio: *Tu mangi le mele (lei, lui, noi)* . . . . *lei mangia le mele; lui mangia le mele; noi mangiamo le mele.*

1. Gianni non può andare in Italia (io, tu, loro) . . . .

. . . .

2. Tu devi studiare per il quiz (noi, voi, io) . . . .

. . . .

3. Luisa vuole invitare gli amici a cena (loro, tu, noi) . . . .

. . . .

4. Loro bevono spesso il vino rosso (lei, noi, voi) . . . .

. . . .

5. Noi possiamo comprare la chitarra (voi, lei, io) . . . .

. . . .

6. Io voglio ballare ogni sabato sera (tu, voi, lei) . . . .

. . . .

7. Voi dovete aiutare il papà oggi (io, lei, loro) . . . .

. . . .

8. Mio fratello beve spesso la grappa (tu, loro, noi) . . . .

. . . .

D. 2. Scrivere due frasi per ognuno dei seguenti verbi (Write two sentences for each of the following verbs): potere, volere, dovere, bere.

1. . . . .

2. . . . .

3. . . . .

4. . . . .

5. . . . .

6. . . . .

7. . . . .

8. . . . .

E. 1. Inserire la forma corretta di "buono"

1. Che . . . . gelato!   Che . . . . colazione!

2. Che . . . . insalata!   Che . . . . spinaci!

3. Che . . . . patate!   Che . . . . amica!

4. Che . . . . uomo!   Che . . . . pranzo!

E. 2. Inserire la forma corretta di "bello"

1. Che . . . . bicicletta!   Che . . . . bagno!

2. Che . . . . occhi!   Che . . . . navi!

3. Che . . . . orto!   Che . . . . favola!

4. Che . . . . ragazze!   Che . . . . fiori!

5. Che . . . . vasi!   Che . . . . studio!

E. 3. Inserire la forma corretta di "quello"

1. . . . . farmacia è chiusa oggi.

2. Questa casa è vecchia; . . . . , invece, è nuova.

3. . . . . duomo è molto antico.

4. Questo cappuccino è caldo; . . . . , invece, è freddo.

5. . . . . bicchieri sono di mia zia.

6. Questi esercizi sono facili; . . . ., invece, sono difficili.

7. . . . . cotolette alla milanese sono proprio buone.

8. Queste signore sono generose; . . . ., invece, sono molto avare.

9. . . . . ristorante è molto famoso: ha quattro stelle (stars).

F. Mettere i verbi al presente progressivo

1. Io parcheggio la macchina qui . . . .
2. Anche voi fate una passeggiata stasera . . . .
3. Mia nipote dorme sul sofà . . . .
4. Tu guidi la macchina . . . .
5. Loro visitano il museo . . . .
6. Noi andiamo da Valeria . . . .
7. I miei parenti preparano la cena . . . .
8. Io esco di casa ora . . . .

Capitolo 6 - **La laurea**

A. Il passato prossimo con avere
B. Il passato prossimo con essere
C. Le frazioni
D. L'orologio
E. Le quattro operazioni
F. Ripasso delle preposizioni (semplici e articolate)

A. 1. Mettere al passato prossimo, come indicato nell'esempio.

Esempio: *Io parlo con Marcello .... Io ho parlato con Marcello.*

1. Io mangio gli spaghetti . . . .
2. Rosa beve il caffè corretto . . . .
3. Voi scrivete un biglietto di auguri ai nonni . . . .
4. Noi diciamo una preghiera (prayer) . . . .
5. Tu apri la scatola . . . .
6. Io metto la bistecca sul piatto . . . .
7. I tuoi genitori scherzano con i loro amici . . . .
8. Il ragazzo promette di studiare . . . .
9. Loro leggono la favola . . . .
10. Voi festeggiate il compleanno della nonna . . . .
11. Tu spendi troppi soldi . . . .
12. Noi aspettiamo l'autobus . . . .

A. 2. Sostituire il soggetto della frase con quelli indicati tra parentesi, come nell'esempio.

Esempio: *Tu hai mangiato la torta (lei, lui, noi) .... lei ha mangiato la torta; lui ha mangiato la torta; noi abbiamo mangiato la torta.*

1. Io ho fatto una domanda al dottore (tu, loro, lei) . . . .
. . . .
2. Pietro ha finito il compito (Luisa, loro, io) . . . .
. . . .
3. Due giorni fa Gina ha preso il diploma (io, tu, voi) . . . .
. . . .
4. Gli studenti hanno discusso di politica (io, noi, voi) . . . .
. . . .

A. 3. Scrivere 6 frasi al passato prossimo usando i seguenti verbi: aiutare, trovare, vendere, ricevere, finire, pulire.

1. . . . .
2. . . . .
3. . . . .
4. . . . .
5. . . . .
6. . . . .

B. 1. Mettere al passato prossimo, come indicato nell'esempio.

Esempio: *Gino va dal dottore .... Gino è andato dal dottore.*

1. Io vado in lavanderia . . . .
2. Loretta sta a casa di Claudio . . . .
3. I miei amici partono per l'Italia in aereo . . . .
4. Tu torni a casa presto . . . .
5. Noi partiamo in anticipo stasera . . . .
6. Voi andate all'ufficio postale . . . .
7. Aldo arriva in ritardo per la festa . . . .
8. Loro escono dal museo . . . .

B. 2. Sostituire il soggetto della frase con quelli indicati tra parentesi, come nell'esempio.

Esempio: *Tu sei andato al cinema (lei, lui, noi) .... lei è andata al cinema; lui è andato al cinema; noi siamo andati al cinema.*

1. Io sono nata in Italia (voi, lei, loro) . . . .
. . . .
2. Questi due attori sono morti due anni fa (lui, lei, le attrici) . . . .
. . . .
3. Ieri sera Gigi è rimasto in campagna (io, tu, voi) . . . .
. . . .
4. Gli ospiti sono partiti molto presto (lui, voi, tu) . . . .

B. 3. Scrivere 6 frasi al passato prossimo usando i seguenti verbi: arrivare, entrare, diventare, nascere, partire, uscire.

1. . . . .
2. . . . .
3. . . . .
4. . . . .
5. . . . .
6. . . . .

C. Rispondere come indicato nell'esempio.

Esempio: *Un quarto di ottanta è .... venti*

1. Un terzo di trenta è . . . .
2. La metà di diciotto è . . . .
3. Un ottavo di sedici è . . . .
4. Un decimo di duecento è . . . .
5. Un sesto di trecentosessanta è . . . .
6. Un quinto di mille è . . . .

D. Che ore sono?

Esempio: *Sono le sette e mezzo 7:30*

1. Sono le otto e un quarto . . . .
2. Mancano venti minuti alle undici . . . .
3. Sono le nove in punto . . . .
4. Sono le sei meno dieci . . . .
5. Sono le quattro e tre quarti . . . .

6. Mancano cinque minuti a mezzanotte . . . .
7. È mezzogiorno e mezzo . . . .
8. Sono le due e trentacinque . . . .

E. Quanto fa? Rispondere come indicato nell'esempio.

Esempio: *Tre più otto fa* .... *undici*

1. Cinque più tredici fa . . . .
2. Nove più dodici fa . . . .
3. Quarantadue diviso sette fa . . . .
4. Sessantaquattro diviso quattro fa . . . .
5. Duecentotredici meno diciotto fa . . . .
6. Seicentotrentadue meno centoventi fa . . . .
7. Nove per nove fa . . . .
8. Dodici per cinque fa . . . .

F. 1. Completare con le seguenti preposizioni semplici: per - con - a - da - di - in

1. Le tue amiche abitano . . . . Roma.
2. Francesco viene . . . . Napoli.
3. Questo regalo è . . . . il papà.
4. Io parlo . . . . i miei compagni di classe.
5. Tu sei nato . . . . Inghilterra.
6. Di chi è quell' orologio? È . . . . Massimo.

F. 2. Completare con le seguenti preposizioni articolate: nel - sugli - dalle - alle - del - sul - nella - alla - nell'

1. Io ho messo il libro . . . . banco.
2. Maria lavora ogni mattina . . . . otto . . . . .undici.
3. Dobbiamo andare . . . . stazione immediatamente.
4. Tu hai messo il portafoglio (wallet) . . . . borsa.
5. Questo orologio è . . . . signor Franchini.
6. Le penne sono . . . . cassetto della scrivania.
7. Ci sono molte foglie . . . . alberi.
8. I fiori sono . . . . ufficio.

Capitolo 7 - **Non so che cosa mettermi!**

A. I verbi riflessivi e reciproci
B. Il passato prossimo dei verbi riflessivi
C. Conoscere vs. sapere
D. L'avverbio di luogo "ci"
E. I suffissi per i nomi e gli aggettivi
F. Gli avverbi che finiscono in "mente"

A.1. Sostituire il soggetto della frase con quelli indicati tra parentesi, come nell'esempio.

Esempio: *Io mi sveglio alle sei (tu, noi, lei) .... tu ti svegli alle sei; noi ci svegliamo alle sei; lei si sveglia alle sei*

1. Tu ti prepari per la festa (lei, io, voi) . . . .

2. Il signor Vivaldi si alza sempre prestissimo (tu, noi, loro) . . . .

3. Clara si mette il vestito nuovo (loro, io, voi) . . . .

4. Voi vi addormentate facilmente (io, lei, noi) . . . .

5. Noi ci sediamo sul sofà (voi, tu, io) . . . .

6. Io mi tolgo il cappotto (tu, lei, loro) . . . .

7. Loro si lavano le mani (io, lei, noi) . . . .

8. Tu non ti fai la barba tutti i giorni (lui, loro, voi) . . . .

A. 2. Completare con la forma verbale corretta.

1. Mio fratello (divertirsi) . . . . sempre in campagna.
2. Secondo me Patrizia (annoiarsi) . . . . molto alle conferenze.
3. Io (pettinarsi) . . . . tutte le mattine.
4. Tu (riposarsi) . . . . ogni pomeriggio.
5. Lei (arrabbiarsi) . . . . quando i suoi bambini non ubbidiscono.
6. Noi (vedersi) . . . . ogni giorno a scuola.
7. Tu e tua madre (assomigliarsi) . . . . moltissimo.
8. I due fidanzati (abbracciarsi) . . . . affettuosamente.

A. 3. Cambiare le frasi come indicato nell'esempio.

Esempio: *Io voglio divertirmi .... Io mi voglio divertire*

1. Tu non devi arrabbiarti così spesso . . . .
2. Io non posso fermarmi ora . . . .
3. Lia non vuole lavarsi le mani . . . .
4. Noi dobbiamo svegliarci prestissimo questa domenica . . . .
5. Loro possono alzarsi dopo le undici domani . . . .
6. Voi volete sedervi sulle sedie comode . . . .

A. 4. Scrivere 6 frasi al tempo presente usando 6 verbi riflessivi o reciproci.

1. ....
2. ....
3. ....
4. ....
5. ....
6. ....

B. Mettere i verbi al passato prossimo.

Esempio: *Carlo si riposa .... Carlo si è riposato.*

1. Io mi arrabbio con Giorgio . . . .
2. Roberto, perchè non ti pettini? . . . .
3. Lei si siede a un tavolo del caffè . . . .
4. Bambini, perchè non vi lavate? . . . .
5. I miei cugini si baciano quando si vedono . . . .
6. Noi ci prepariamo per l'esame di biologia . . . .
7. Le amiche si salutano quando si incontrano . . . .
8. Emilio si sveglia alle sei e un quarto . . . .

C. Conoscere o sapere? Completare con la forma verbale corretta di conoscere o sapere.

1. Tu . . . . l'Australia benissimo.
2. Voi . . . . a che ora arriva il professore?
3. Io . . . . giocare a golf abbastanza bene.
4. Suo fratello . . . . molte ragazze italiane.
5. Noi non . . . . ballare il tango.
6. I miei genitori non . . . . la Nuova Zelanda (New Zealand).
7. Mariella . . . . cantare molto bene.
8. Voi . . . . che giorno è oggi?

D. Rispondere con una frase completa usando l'avverbio di luogo "ci".

Esempio: *Siete andati dal barbiere? Sì, ... ci siamo andati.*

1. Volete andare da Antonio venerdì sera? Sì, ...
2. Abitate in Canada? Sì . . . .
3. Gli studenti vanno a scuola tutti i giorni? Sì, ...
4. Devo venire alla riunione con voi martedì? Sì, ...
5. Sei andato al cinema ieri sera? Sì . . . .
6. Puoi venire a casa mia più tardi? Sì, ...

E. Trasformare il nome usando il suffisso corretto.

Esempio: *Questo giornale è brutto (o cattivo) .... È un giornalaccio*

1. Questi cucchiai sono piccoli. . . . .
2. Questo gatto è grosso. . . . .
3. Quelle macchine sono piccole. . . . .
4. Questa casa è piccola e carina. . . . .
5. Quella ragazza è cattiva. . . . .

F. Completare con i seguenti avverbi: raramente - certamente - recentemente - facilmente

1. Remo si arrabbia . . . .
2. Abbiamo comprato molti DVD nuovi . . . .
3. Vieni con noi alla festa? Sì, ...
4. Parlate spesso in italiano? No, purtroppo solo . . . .

Capitolo 8 - **Una cena a Modena**

A. I pronomi diretti
B. I pronomi diretti con dovere, volere, potere
C. I pronomi indiretti
D. I pronomi indiretti con dovere, volere, potere
E. Il verbo piacere al presente
F. I pronomi diretti e indiretti al passato prossimo
G. Il verbo piacere al passato prossimo

A.1. Trasformare con i pronomi diretti.

Esempio: *Io mangio la pasta* ...... *Io la mangio.*

1. Gustavo compra i pantaloni . . . .
2. Voi prendete le magliette . . . .
3. Loro comprano i cappelli . . . .
4. Tu prendi la camicetta . . . .
5. Io compro il maglione . . . .
6. Noi prendiamo le cravatte . . . .
7. Nicoletta compra la camicia da notte . . . .
8. Tu prendi le scarpe da ginnastica . . . .

A. 2. Rispondere con i pronomi diretti.

Esempio: *Mangi la pasta? Sì,* ...... *la mangio.*

1. Mangi i salumi a pranzo? Sì, ...
2. Bevi il succo d'arancia a colazione? Sì, ...
3. Mangiate spesso le torte? No, ...
4. Bevete l'acqua minerale a cena? Sì, ...
5. I tuoi figli mangiano i biscotti il pomeriggio? Sì, ...
6. Vostra sorella beve il vino stasera? Sì, ...
7. Aprite spesso le finestre in questa casa? Sì, ...
8. Vedi i tuoi amici oggi? No, ...

B. Rispondere come indicato nell'esempio.

Esempio: *Vuoi conoscere le mie amiche? Sì,* ...... *le voglio conoscere // voglio conoscerle*

1. Puoi portare i libri? Sì, ...
2. Vuoi mangiare le melanzane? Sì, ...
3. Devi preparare la cena? Sì, ...
4. Vuoi bere lo spumante? Sì, ...
5. Puoi chiamare la mamma? Sì, ...
6. Devi pagare il conto? Sì, ...
7. Vuoi scrivere le lettere? Sì, ...
8. Puoi invitare i miei amici? Sì, ...

C.1. Sostituire le parole sottolineate con i pronomi indiretti.

Esempio: *Io parlo <u>a Vittorio</u>* ..... *Io gli parlo.*

1. Roberto telefona <u>a Luisa</u> . . . .
2. Io mando una lettera <u>ai miei fratelli</u> . . . .

3. Tu rispondi <u>a Bruno</u> . . . .
4. Noi offriamo il caffè <u>agli ospiti</u> . . . .
5. Loro dicono "buongiorno" <u>alla signora Raimondi</u> . . . .
6. Voi chiedete informazioni <u>al dottor Lamberti</u> . . . .
7. L'insegnante spiega la lezione <u>alle studentesse</u> . . . .
8. Io regalo i fiori <u>a Maria</u> . . . .

C. 2. Rispondere con i pronomi indiretti.

Esempio: *Parli a Umberto?* ...... *Sì, gli parlo or No, non gli parlo.*

1. Scrivete ai ragazzi? . . . .
2. Offri il tè alla tua amica? . . . .
3. Date la palla al cane? . . . .
4. I tuoi insegnanti ti insegnano bene? . . . .
5. Presti la bicicletta a Francesco? . . . .
6. Portate gli appunti a Diana? . . . .
7. La mamma vi telefona spesso? . . . .
8. Chiedi il conto al cameriere? . . . .

D. Rispondere con il pronome indiretto come indicato nell'esempio.

Esempio: *Vuoi dare un regalo <u>al nonno</u>?* ... *Sì, gli voglio dare un regalo// voglio dargli un regalo*

1. Ci vuoi rispondere ? . . . .
2. Devi telefonare <u>a Rinaldo</u>? . . . .
3. Potete restituire i soldi <u>ai miei amici</u>? . . . .
4. Vuoi dire la verità <u>a tuo padre</u>? . . . .
5. <u>Mi</u> puoi prestare il libro? . . . .
6. Dovete scrivere <u>a vostra sorella</u>? . . . .
7. Puoi parlare <u>a Girolamo</u>? . . . .
8. Devi insegnare i verbi irregolari <u>agli studenti</u> oggi? . . . .

E. 1. Inserire "piace" o "piacciono"

1. A Guido . . . . le melanzane.
2. A Daniela . . . . andare a teatro.
3. Mi . . . . le verdure cotte.
4. Vi . . . . giocare a carte.
5. Le . . . . gli aperitivi.
6. Ti . . . . le poesie di Emily Dickinson.
7. Gli . . . . leggere i romanzi di Mark Twain.
8. Ci . . . . la frutta fresca.

E. 2. Completare usando le varie forme verbali del verbo "piacere" (al presente).

Esempio: *(tu)* ...... *la birra.* *Ti piace la birra.* *(Carlo)* ...... *i fagioli.* *Gli piacciono i fagioli.*

1. (Teresa) . . . . le camicette di seta.
2. (io) . . . . cantare nel coro (choir).
3. (Enzo) . . . . la pasta al pesto.
4. (tu) . . . . i vestiti eleganti.
5. (studenti) . . . . andare in vacanza.
6. (voi) . . . . il pane integrale.
7. (noi) . . . . ascoltare il jazz.
8. (loro) . . . . le giacche di cuoio.

F. 1. Rispondere con i pronomi diretti come indicato nell'esempio.

Esempio: *Chi ha comprato il gelato? ...... La mamma l'ha comprato.*

1. Chi ha comprato gli spinaci? . . . .
2. Chi ha mangiato l' anitra? . . . .
3. Chi ha comprato le trote? . . . .
4. Chi ha mangiato i fagiolini? . . . .
5. Chi ha comprato il cappotto? . . . .
6. Chi ha mangiato il panino? . . . .
7. Chi ha comprato le scarpe nuove? . . . .
8. Chi ha mangiato i maccheroni? . . . .

F. 2. Rispondere con i pronomi indiretti, come indicato nell'esempio.

Esempio: *Hai scritto a Paolo? ...... Sì, gli ho scritto.*

1. Hai parlato <u>al dottore</u>? . . . .
2. Avete dato i quadri <u>a Paola</u>? . . . .
3. Hai fatto un regalo <u>a Cinzia</u>? . . . .
4. Avete offerto i dolci <u>agli amici</u>? . . . .
5. Hai telefonato <u>ai genitori</u> di Rosa? . . . .
6. Avete risposto <u>a vostro zio</u>? . . . .
7. Hai dato la ricetta <u>alla tua amica</u>? . . . .
8. Avete scritto <u>al presidente</u>? . . . .

G. Mettere i verbi al passato prossimo.

Esempio: *Mi piace la pasta ...... Mi è piaciuta la pasta.*

1. Mi piacciono le tue compagne di classe . . . .
2. Ti piace giocare a pallone . . . .
3. Gli piacciono i peperoni . . . .
4. Vi piace questa cena . . . .
5. Ai miei cugini piace la vostra casa . . . .
6. Ci piacciono le patate con le cipolle . . . .
7. A Giulia piace la torta di mandorle . . . .
8. Ti piacciono i pantaloni di Marco . . . .

Capitolo 9 - **La casa nuova**

A. L'imperfetto
B. L'mperfetto vs. il passato prossimo
C. Il trapassato prossimo
D. I numeri ordinali

A. 1. Sostituire il soggetto della frase con quelli indicati tra parentesi, come nell'esempio.

Esempio: *io mangiavo spesso la pasta (tu, lei, noi) ...... Tu mangiavi spesso la pasta; lei mangiava spesso la pasta; noi mangiavamo spesso la pasta.*

1. Di solito io studiavo sei ore al giorno (voi, loro, lui) . . . .
. . . .

2. Tuo figlio faceva il letto tutti i giorni (noi, tu, io) . . . .
. . . .

3. Il papà cucinava tutte le domeniche (io, voi, tu) . . . .
. . . .

4. Tu pranzavi sempre alla stessa ora (loro, voi, lei) . . . .
. . . .

5. Enrico ordinava sempre il risotto ai funghi al ristorante (tu, io, noi) . . . .
. . . .

6. Le bambine chiacchieravano sempre in classe (noi, tu, lei) . . . .
. . . .

7. Noi ridevamo spessissimo al liceo (io, tu, voi) . . . .
. . . .

8. Voi scherzavate volentieri con gli amici (noi, tu, lui) . . . .
. . . .

A. 2. Mettere i verbi all'imperfetto.

Esempio: *Io (parlo) ...... con Gigi. Io parlavo con Gigi.*

1. La domenica Angelo e Paola (si alzano) . . . . tardi e non (fanno)
. . . . colazione; infatti (bevono) . . . . solo un caffè.

2. Di solito io (preferisco) . . . . mangiare nei ristoranti italiani; spesso ci
(vado) . . . . con le mie amiche o con i miei parenti.
(Ordiniamo) . . . . sempre gli stessi piatti e (beviamo) . . . .
sempre vino e acqua minerale.

3. (Fa) . . . . brutto tempo: (è) . . . . nuvoloso e (c'è)
. . . . vento. Io non (mi sento) . . . . bene e (voglio)
. . . . solo dormire. Non (ho voglia) . . . . di uscire per
andare alla riunione.

4. (Ci sono) . . . . molti bei negozi in quella strada e le ragazze
(vogliono) . . . . vederli, perchè (desiderano) . . . . comprare dei
vestiti nuovi.

5. Silvia (è) . . . . una brava ragazza: (frequenta) . . . . la
scuola regolarmente; (studia). . . . . molto e (riceve) . . . .
dei bei voti; (aiuta). . . . . sempre la sua mamma in casa, (parla) . . . .
volentieri con le sue amiche; (va) . . . . alle feste con piacere ed (è) . . . .
sempre gentile e allegra con tutti.

A. 3. Scrivere 6 frasi all'imperfetto usando i seguenti verbi: essere, avere, mangiare, fare, dire, bere.

1. . . . .
2. . . . .
3. . . . .
4. . . . .
5. . . . .
6. . . . .

B. 1. Imperfetto o passato prossimo? Completare con il verbo all'imperfetto o al passato prossimo.

1. Lunedì scorso io (mangiare) . . . . in una vecchia trattoria di campagna.
2. La domenica noi (andare) . . . . sempre in chiesa.
3. Di solito voi (studiare) . . . . molte ore al giorno.
4. Due giorni fa tu (bere) . . . . troppo vino.
5. Donatella (addormentarsi) . . . . sempre tardi la sera.
6. Il mese scorso gli insegnanti (fare) . . . . sciopero.
7. Ieri sera Marco (telefonare) . . . . alla sua ragazza.
8. Ogni giorno io (leggere) . . . . il giornale locale.

B. 2. Mettere i verbi all'imperfetto sostituendo "un mese fa" con "spesso".

Esempio: *Un mese fa Maria è andata in chiesa ...... Spesso Maria andava in chiesa.*

1. Un mese fa io ho parlato con i miei compagni di classe.
. . . .
2. Un mese fa Franco ha cucinato il pesce alla griglia.
. . . .
3. Un mese fa voi avete preparato la pasta asciutta al ragù.
. . . .
4. Un mese fa tu hai ordinato una bistecca al sangue in questo ristorante.
. . . .
5. Un mese fa noi abbiamo telefonato ai nonni.
. . . .
6. Un mese fa loro hanno discusso di politica al bar.
. . . .

C. Completare con la forma verbale corretta del trapassato prossimo.

Esempio: *Quando Rosa è arrivata i suoi amici (già-mangiare) ...... avevano già mangiato.*

1. Quando tu hai telefonato io (già–uscire) . . . . di casa.
2. Quando Cesare è tornato la festa (già–finire) . . . . da un'ora.
3. Quando mio fratello è partito noi (già–cenare) . . . .
4. Quando gli studenti sono entrati l'insegnante (già–cominciare) . . . . la lezione.
5. Quando io sono arrivato al cinema tu (già–comprare) . . . . i biglietti.
6. Quando vi ho visto al supermercato voi (già-fare) . . . . la spesa.

D. Scrivere il numero ordinale corretto.

1. Il Trecento o il secolo . . . .
2. Il re Enrico VIII . . . . era inglese.
3. Novembre è l' . . . . mese dell'anno.
4. Il Cinquecento o il secolo . . . .
5. Il re Umberto I . . . . era italiano.
6. Maggio è il . . . . mese dell'anno.
7. Il Settecento o il secolo . . . .
8. Il papa Giovanni Paolo II . . . . è polacco (Polish).

Capitolo 10 - **Un viaggio a Firenze**

A. Il futuro semplice
B. Il futuro anteriore
C. La negazione doppia
D. Gli aggettivi indefiniti

A. 1. Sostituire il soggetto della frase con quelli indicati tra parentesi, come nell'esempio.

Esempio: *Mangerò la pasta ogni giorno (tu, noi, lei) ...... Tu mangerai la pasta ogni giorno.*
Noi mangeremo la pasta ogni giorno. Lei mangerà la pasta ogni giorno.

1. La prossima settimana farò un viaggio in Italia (tu, voi, lei) . . . .

2. Domani Loretta comprerà il biglietto per Parigi (loro, noi, io) . . . .

3. I ragazzi partiranno dall'aeroporto di Los Angeles (io, tu, lei) . . . .

4. Dovrai ricordare di prendere il passaporto (io, noi, lui) . . . .

5. In Italia viaggerete spesso in treno (io, lui, noi) . . . .

6. Roberto noleggerà un'automobile (io, noi, loro) . . . .

7. Cercheremo un albergo non troppo costoso (voi, lei, loro) . . . .

8. Io prenderò spesso l'autobus o il taxi (voi, tu, lei) . . . .

A. 2. Inserire la forma verbale al futuro, come indicato nell'esempio.

Esempio: *Io (dormire) ...... molto. Io dormirò molto.*

1. Voi (potere) . . . . finalmente mangiare la pasta al pesto a Genova.
2. Io (essere) . . . . puntuale per la partenza.
3. Cristina (volere) . . . . sempre chiedere tue notizie.
4. Noi (rimanere) . . . . a Venezia per una settimana.
5. Tu (dovere) . . . . portare molti soldi perchè l'albergo è costosissimo.
6. Noi (andare) . . . . anche in Sicilia.
7. Voi (vedere) . . . . molti monumenti bellissimi.
8. Loro (venire) . . . . a trovarci a Napoli.

A. 3. Dare una risposta appropriata, come indicato nell'esempio.

Esempio: *Parlerai con Tina domani? .... Sì, le parlerò domani or No, non le parlerò domani, ma sabato.*

1. Andrai in Italia la prossima estate? No, ...
2. Mangerete i ravioli stasera? No, ...
3. Berrete lo spumante domenica? Sì, ...
4. Arriverai alle otto? No, ...
5. Vedrai Roberto giovedì? No, ...
6. Starete a casa di Carlo il mese prossimo? Sì, ...
7. Saprete la risposta domani? No, ...
8. Comincerai la scuola lunedì prossimo? No, ...

B. Mettere i verbi al futuro semplice e al futuro anteriore, come indicato negli esempi:

		Futuro semplice	Futuro anteriore
1.	parlare (io, italiano)	parlerò italiano	avrò parlato italiano
2.	vestirsi (tu, bene)	ti vestirai bene	ti sarai vestito bene
3.	fare (loro, la spesa)	. . . .	. . . .
4.	capire (noi, la lezione)	. . . .	. . . .
5.	divertirsi (lui, molto)	. . . .	. . . .
6.	sapere (tu, la verità)	. . . .	. . . .
7.	mettersi (io, il vestito)	. . . .	. . . .
8.	dare (voi, l' esame)	. . . .	. . . .

C. Completare inserendo una delle seguenti parole: niente - nè... nè - nessuno - neppure

1. L'insegnante è delusa, perchè dice che nella sua classe . . . . . . studente studia abbastanza.
2. Vuoi una birra? No, grazie. Stasera non voglio bere . . . .
3. Hai visto Paola e Massimo recentemente? No, non ho visto . . . . lui . . . . lei.
4. Questo frigorifero è proprio vuoto: non c'è . . . . una fetta di pane!

D. 1. Sostituire "tutti" o "tutte" con "ogni".
    Esempio: *Tutte le mattine prendo il caffè* ...... *Ogni mattina prendo il caffè.*

1. Vado al lavoro tutti i giorni tranne la domenica . . . .
2. Tutte le sere guardiamo la televisione . . . .
3. Tutte le domeniche andate al cinema . . . .
4. Tutti i mesi ricevi lo stipendio . . . .
5. Tutte le case hanno almeno un bagno . . . .
6. In tutte le cucine c'è un lavandino . . . .
7. In tutti gli alberghi possiamo pagare in contanti . . . .
8. In questo negozio tutti i prezzi sono troppo alti . . . .

D. 2. Sostituire "alcuni - alcune" con "di + articolo".
    Esempio: *Io ho alcuni libri di francese* ...... *Io ho dei libri di francese.*

1. Abbiamo comprato alcune paste per la colazione.
    . . . .
2. Alcune volte mangio troppo.
    . . . .
3. Avete visitato alcuni bei musei a Roma?
    . . . .
4. Luisella ha invitato alcuni amici a cena stasera.
    . . . .
5. Tu hai alcuni vasi molto antichi.
    . . . .
6. Al mercato tua sorella ha trovato alcuni piatti di rame (copper) bellissimi.
    . . . .

D. 3. Completare ogni frase con una delle seguenti parole: qualunque - nessun - qualche - ogni

1. Mi piace . . . . tipo di verdura.
2. Oggi c'è uno sciopero a scuola, perciò . . . . professore insegnerà.
3. Di solito Riccardo mangia la carne, ma . . . . volta mangia anche il pesce.
4. . . . . domenica Grazia e Ivonne giocano a tennis.

Capitolo 11 - **Un buon lavoro**

A. Il condizionale semplice
B. I nomi di mestieri e professioni
C. I pronomi tonici
D. Il condizionale composto
E. I pronomi indefiniti

A. 1. Sostituire il soggetto della frase con quelli indicati tra parentesi, come nell'esempio.

Esempio: *Dovrei andare in banca (tu, noi, loro)* ...... *Tu dovresti andare in banca; noi dovremmo andare in banca; loro dovrebbero andare in banca.*

1. Vorrei trovare un lavoro interessante (tu, voi, lei) . . . .
. . . .
2. Potremmo comprare questa valigia blu (io, lei, loro) . . . .
. . . .
3. Claudia ritornerebbe in Cina volentieri (tu, io, noi) . . . .
. . . .
4. Tu non dovresti dire bugie (lui, io, voi) . . . .
. . . .
5. I tuoi cugini riconoscerebbero subito quell'attrice (io, tu, lui) . . . .
. . . .
6. Voi vorreste mangiare qui questa sera? (tu, Lei, Loro) . . . .
. . . .
7. Andrei a Parigi con molto piacere (tu, lei, voi) . . . .
. . . .
8. Riccardo darebbe la risposta giusta (io, lei, loro) . . . .
. . . .

A. 2. Mettere tutti i verbi al condizionale, come indicato nell'esempio.

Esempio: *Io (mangiare)* ...... *volentieri in questo ristorante. Io mangerei volentieri in questo ristorante.*

1. Tu (dovere) . . . . parlare ad alta voce.
2. Io (leggere) . . . . con piacere questo romanzo (novel).
3. Noi (andare) . . . . a casa immediatamente.
4. Angela (fare) . . . . volentieri una vacanza in montagna.
5. Gli operai (preferire) . . . . lavorare di meno (less).
6. Voi (vivere) . . . . in questo palazzo?
7. Gilberto (essere) . . . . un bravo cantante.
8. Le ragazze (volere) . . . . andare a ballare sabato sera.

A. 3. Scrivere 6 frasi usando i seguenti verbi al condizionale semplice: andare, viaggiare, dovere, potere, finire, offrire.

1. . . . .
2. . . . .
3. . . . .
4. . . . .
5. . . . .
6. . . . .

B.1. Che lavoro fa? Completare ogni frase con una delle seguenti parole:
professoressa - dottore - operaio - poeta - cameriera - scrittore -
giornalista - pianista

1. Lavora in un ospedale. È un . . . .
2. Insegna in una università. È una . . . .
3. Suona il pianoforte. È una . . . .
4. Scrive romanzi (novels). È uno . . . .
5. Lavora in una fabbrica. È un . . . .
6. Scrive articoli sui giornali. È una . . . .
7. Serve i clienti in un ristorante. È una . . . .
8. Scrive poesie. È un . . . .

B. 2. Mettere il nome al plurale.
   Esempio: *Il commesso è in ritardo* ...... *I commessi sono in ritardo.*

1. Il farmacista è stato licenziato . . . .
2. L'insegnante è arrivata a scuola in anticipo . . . .
3. Il turista sta ammirando la torre medioevale . . . .
4. Il poeta sta leggendo le poesie . . . .

C.1. Sostituire il pronome diretto con il pronome tonico.
   Esempio: *Paolo ti vedrebbe molto volentieri* ...... *Paolo vedrebbe te molto volentieri.*

1. Io li saluterei gentilmente . . . .
2. Luisa lo conoscerebbe con piacere . . . .
3. Loro la incontrerebbero volentieri . . . .
4. Io ti aiuterei subito . . . .
5. Giorgio vi inviterebbe certamente . . . .
6. Anna mi chiamerebbe senza dubbio . . . .

C. 2. Sostituire il pronome indiretto con il pronome tonico.
   Esempio: *Paolo ti farebbe un regalo* ...... *Paolo farebbe un regalo a te.*

1. Luigi mi telefonerebbe certamente . . . .
2. Io vi scriverei sicuramente . . . .
3. Paola gli parlerebbe al più presto . . . .
4. Quel professore le insegnerebbe pazientemente . . . .
5. Ti darei questo libro con piacere . . . .
6. Le direi "benvenuta!" . . . .

C. 3. Rispondere usando il pronome tonico adatto.
   Esempio: *Vai al cinema con Paolo?* ...... *Sì, vado con lui.*

1. Scrivi a Marcella? . . . .
2. Andate da Lisetta domani? . . . .
3. Telefoni ai nonni? . . . .
4. Questi fiori sono per me? . . . .
5. Hai invitato proprio noi? . . . .

C. 4. Trasformare le frasi come indicato nell'esempio.

Esempio: *ti piacerebbe fare un viaggio in Africa* ...... *A te piacerebbe fare un viaggio in Africa.*

1. Ci piacerebbe essere molto ricchi . . . .
2. Vi piacerebbe ballare tutte le domeniche . . . .
3. Gli piacerebbe conoscere la tua amica . . . .
4. Mi piacerebbe comprare un castello . . . .
5. Le piacerebbe avere molti figli . . . .

D. Sostituire il soggetto della frase con quelli indicati tra parentesi, come nell'esempio.

Esempio: *Avrei ballato, ma ero troppo stanca (noi, tu, lei)* ...... *Noi avremmo ballato ma eravamo troppo stanchi. Tu avresti ballato ma eri troppo stanco. Lei avrebbe ballato, ma era troppo stanca.*

1. Avresti telefonato a Carlo, ma non avevi tempo (io, lui, loro) . . . .
   . . . .
2. Sarebbe arrivato più presto (earlier), ma ha dovuto lavorare (io, tu, noi) . . . .
   . . . .
3. Avremmo mangiato con voi, ma era troppo tardi (lei, io, loro) . . . .
   . . . .
4. Sareste andate all'opera volentieri, ma non avete trovato i biglietti (io, lei, tu) . . . .
   . . . .

E. Completare con le seguenti espressioni: qualcosa - nessuno - ognuno - alcuni - altri - qualcuno.

1. . . . . ha le proprie (his/ her own) idee.
2. . . . . parlano troppo e . . . . parlano troppo poco.
3. Hai visto gli amici allo stadio? No, non ho visto . . . .
4. Conoscete . . . . a Venezia? Sì, conosciamo molte persone.
5. Le tue amiche hanno portato . . . . da bere? Sì, hanno portato delle birre.

Capitolo 12 - **Vai al mercato?**

A. Funzioni di "ne"
B. "Ci" e "ne"
C. Funzioni di "si" impersonale
D. I pronomi doppi (al presente; al passato; con dovere, volere e potere)
E. I pronomi doppi con i verbi riflessivi (al presente e al passato)

A. 1. Quanti?/ Quante? Rispondere usando "ne", come indicato nell' esempio.
Esempio: *Quante sorelle ha Rino? (3) ......* *Ne ha tre.*

1. Quanti fratelli hai tu? (4) . . . .
2. Quanti anni ha Teresa? (22) . . . .
3. Quanti parenti hanno i signori Brandi? (32) . . . .
4. Quanti regali volete comprare? (6) . . . .
5. Quanti esami devi ancora dare? (5) . . . .
6. Quante persone potete invitare? (12) . . . .
7. Quanti tegami hai? (8) . . . .
8. Quante macchine hanno Paolo e Rosa? (2) . . . .

A. 2. Rispondere usando "ne" come indicato nell'esempio.
Esempio: *Avete voglia di un gelato? No, ...* *non ne abbiamo voglia.*

1. Hai bisogno della bicicletta? No, ...
2. Alla riunione hanno parlato anche di sport? Sì, ...
3. Hai voglia di fare una passeggiata nel parco? Sì, ...
4. Loretta sa qualcosa della festa? No, ...
5. Riccardo ha bisogno di un computer nuovo? Sì, ...
6. I bambini hanno voglia di giocare? Sì, ...
7. Avete paura dei ragni (spiders)? Sì, ...
8. Sapete qualcosa di questo autore? No, ...

B.1. Rispondere usando "ce n'è" o "ce ne sono", come indicato nell'esempio.
Esempio: *Quanti quadri ci sono su questa parete (wall)? (5) ......* *Ce ne sono cinque.*

1. Quante stanze ci sono nel tuo appartamento? (7) . . . .
2. Quanti negozi ci sono in questa strada? (6) . . . .
3. Quante macchine ci sono nel vostro garage? (1) . . . .
4. Quanti bicchieri ci sono su questa tavola? (10) . . . .

B. 2. Completare con le seguenti espressioni: - non ne può più - ci penso spesso - non ne valeva la pena - ci vogliono

1. Pensi spesso al tuo futuro? Sì, ...
2. Quanto tempo ci vuole per arrivare al mare? . . . . solo due ore.
3. Siete contenti di essere andati al concerto ieri? No, perchè . . . .
4. È vero che Mario è stanchissimo del suo lavoro? Sì, ...

C. Trasformare le frasi usando il "si" impersonale, come indicato nell'esempio.
Esempio: *In questa università insegnano il cinese ......* In questa università *si insegna il* cinese.

1. In tutto il mondo parlano ancora di John F. Kennedy . . . .
2. In questo negozio vendiamo gioielli antichi . . . .
3. A che ora partiamo per la gita? . . . .

4. Potete prenotare una camera qui? . . . .
5. Nei teatri non possiamo fumare . . . .
6. Sulle strade dobbiamo rispettare i limiti di velocità . . . .
7. In casa tua parlano sempre il francese . . . .
8. Al supermercato non fanno sconti . . . .
9. Tutti dicono che la vita è difficile . . . .
10. Mangiamo con piacere in buona compagnia . . . .

D. 1. Rispondere usando i pronomi doppi, come indicato nell'esempio.

Esempio: *Mi compri _delle mele_ per favore? ...... Sì, te le compro volentieri.*

1. Ci presti le posate d'argento per favore? Sì, ...
2. Mi dai la borsa di cuoio per favore? Sì, ...
3. Regalate il maglione di lana a Piero? Sì, ...
4. Porti la biancheria a Lucia? Sì, ...
5. Fai un regalo ai nonni? Sì, ...
6. Ti offre l'aperitivo? Sì, ...

D. 2. Trasformare le frasi come indicato nell'esempio.

Esempio: *Mi dà una birra ...... Me la dà.*

1. Enzo ti presta la chitarra . . . .
2. Paola ci compra i giornali . . . .
3. Io vi faccio un favore . . . .
4. Luigi mi spiega la grammatica . . . .
5. I genitori gli comprano i giocattoli . . . .
6. La mamma le regala una camicetta di seta . . . .

D. 3. Trasformare le frasi come indicato nell'esempio.

Esempio: *Non devi dargli dei soldi ...... Non glieli devi dare // non devi darglieli*

1. Non possiamo portarvi la macchina . . . .
2. Carla vuole offrirti un tè . . . .
3. Tu vuoi insegnarci l'italiano . . . .
4. Devo mandarti la merce . . . .
5. Loro possono regalarle la frutta . . . .

E. 1. Rispondere come indicato nell'esempio.

Esempio: *Tu ti metti la camicetta di cotone? ...... Sì, me la metto.*

1. Voi vi mettete le calze velate? . . . .
2. Luisa si mette il cappello elegante? . . . .
3. Tu ti metti i guanti di pelle? . . . .
4. Loro si mettono le scarpe da ginnastica? . . . .
5. Franco si mette la sciarpa rossa? . . . .

E. 2. Rispondere come indicato nell'esempio.

Esempio: *Ti sei messa la gonna di cotone? ...... Sì, me la sono messa.*

1. Voi vi siete messe le camicette nuove? . . . .
2. Carla si è messa il cappotto nero? . . . .
3. Tu ti sei messo i pantaloni verdi? . . . .
4. Loro si sono messi le giacche sportive? . . . .
5. Corrado si è messo il giubbotto pesante? . . . .

Capitolo 13 - **Dal dottore**

A. L'imperativo informale (con "tu", "noi" e "voi")
B. I pronomi con l'imperativo informale
C. L'imperativo formale (con "Lei" e "Loro")
D. I pronomi con l'imperativo formale
E. Verbi che richiedono "di" o "a" prima dell'infinito

A. 1. Sostituire il soggetto della frase con quelli indicati tra parentesi, come nell'esempio.

Esempio: *Se vuoi cantare, canta! (noi, voi) ...... Se vogliamo cantare, cantiamo!*
Se volete cantare, cantate!

1. Se dobbiamo andare, andiamo! (tu, voi) . . . .
. . . .

2. Se hai voglia di giocare, gioca! (noi, voi) . . . .
. . . .

3. Se volete partire, partite! (tu, noi) . . . .
. . . .

4. Se dobbiamo uscire, usciamo! (tu, voi) . . . .
. . . .

5. Se hai voglia di ballare, balla! (noi, voi) . . . .
. . . .

6. Se volete ridere, ridete! (tu, noi) . . . .
. . . .

A. 2. Rispondere con la forma negativa dell'imperativo, come indicato nell'esempio.

Esempio: *Compri le bibite (tu)? ...... Non comprare le bibite!*

1. Andate a casa (voi)? . . . .
2. Chiedi la sua opinione (tu)? . . . .
3. Siete gentili con lui (voi)? . . . .
4. Fai la spesa (tu)? . . . .
5. Avete paura (voi)? . . . .
6. Dici bugie (tu)? . . . .
7. Chiudete il negozio (voi)? . . . .
8. Fai una pausa (tu)? . . . .

B.1. Trasformare inserendo il pronome corretto al posto del nome, come indicato nell'esempio.

Esempio: *Canta la canzone! ...... Cantala!*

1. Compra il giornale! . . . .
2. Puliamo la casa! . . . .
3. Bevi il succo d'arancia! . . . .
4. Studiate i verbi! . . . .
5. Vendi l'automobile! . . . .

6. Apriamo le finestre! . . . .
7. Ascoltate le lezioni! . . . .
8. Diamo l'esame! . . . .

B. 2. Trasformare come indicato nell'esempio.

Esempio: *Telefona a Luigi! ...... Telefonagli!*

1. Scrivi a Milva! . . . .
2. Parlate ai genitori! . . . .
3. Rispondiamo a Piero! . . . .
4. Parla ai ragazzi! . . . .
5. Scrivete al professore! . . . .
6. Rispondi alla mamma! . . . .

B. 3. Completare come indicato nell'esempio.

Esempio: *Se vuoi vestirti, ... vestiti!*

1. Se vuoi alzarti, ...
2. Se vuoi prepararti, ...
3. Se volete fermarvi, ...
4. Se volete salutarvi, ...
5. Se volete vedervi, ...
6. Se vogliamo lavarci, ...
7. Se vogliamo sederci, ...
8. Se vogliamo pettinarci, ...

B. 4. Inserire i pronomi doppi, come indicato nell'esempio.

Esempio: *Scrivi il biglietto alla nonna! ...... Scriviglielo!*

1. Porta la torta alla mamma! . . . .
2. Manda il pacco a Riccardo! . . . .
3. Compra le riviste per me! . . . .
4. Dai i soldi a Luisa! . . . .
5. Portate i regali al papà! . . . .
6. Mandate le piastrelle a noi! . . . .
7. Date la valigia a me! . . . .
8. Comprate gli utensili per loro! . . . .
9. Portiamo i piatti a Gianna! . . . .
10. Mandiamo i mobili a loro! . . . .
11. Compriamo lo specchio per Cesare! . . . .
12. Diamo il cuscino a Lucia! . . . .

C. 1. Signorina Rossi, per favore... Trasformare le frasi con la forma corretta dell'imperativo, come indicato nell'esempio.

Esempio: *chiudere / la porta ...... Signorina Rossi, per favore chiuda la porta!*

1. aprire/ la finestra . . . .
2. uscire / dall'ufficio . . . .
3. fare / il compito . . . .

4. scrivere / l'esercizio . . . .
5. andare / dal dottore . . . .
6. prendere / le medicine . . . .
7. essere / puntuale . . . .
8. avere / pazienza . . . .

C. 2. Signori Bosi, per favore... Trasformare le frasi con la forma corretta dell'imperativo, come indicato nell'esempio.

Esempio: *mangiare/ le paste* ...... *Signori Bosi, per favore mangino le paste!*

1. bere / molta acqua . . . .
2. mangiare / molte verdure . . . .
3. fare / delle passeggiate . . . .
4. andare / a letto presto . . . .
5. ascoltare / i consigli del medico . . . .
6. parlare / ad alta voce . . . .
7. scrivere / le informazioni . . . .
8. leggere / gli avvertimenti . . . .

C. 3. Rispondere con la forma negativa dell'imperativo, come indicato nell'esempio.

Esempio: *Prenota già la stanza?* ...... *Non prenoti la stanza ora!*

1. Parte già per il mare? . . . .
2. Esce già dall'ufficio? . . . .
3. Compra già i biglietti? . . . .
4. Vanno già a casa? . . . .
5. Vendono già la macchina? . . . .
6. Rispondono già ai ragazzi? . . . .

D.1. Mettere le seguenti frasi all'imperativo formale (Lei e Loro) e inserire il pronome al posto del nome.

Esempio: *Bere la bibita* ...... *La beva! La bevano!*

1. Fare la domanda . . . .
2. Leggere i romanzi . . . .
3. Scrivere l'articolo . . . .
4. Parcheggiare la macchina . . . .
5. Visitare la città . . . .
6. Preparare gli esami . . . .
7. Guardare il film . . . .
8. Aprire la porta . . . .

D. 2. Mettere le seguenti frasi all'imperativo formale (Lei e Loro), come indicato nell'esempio.

Esempio: *prepararsi in fretta* ...... *Si prepari in fretta! Si preparino in fretta!*

1. Svegliarsi presto . . . .
2. Alzarsi subito . . . .
3. Lavarsi immediatamente . . . .
4. Farsi la barba lentamente . . . .
5. Pettinarsi davanti allo specchio . . . .
6. Vestirsi elegantemente . . . .

D. 3. Sostituire il nome con il pronome, come indicato nell'esempio.

Esempio: *Mi mandi un assegno! ...... Me lo mandi!*

1. Mi dica il titolo! . . . .
2. Gli dia il passaporto! . . . .
3. Ci insegni le regole! . . . .
4. Le facciano un favore! . . . .
5. Mi scrivano una cartolina! . . . .
6. Gli diano la carta di credito! . . . .

E. Quando è necessario inserire la preposizione corretta.

1. Smettete . . . . fumare!
2. Vuoi . . . . comprare questa giacca?
3. Venite . . . . trovarci per favore!
4. I ragazzi hanno deciso . . . . partire fra due giorni.
5. Posso . . . . venire con te al cinema?
6. Vada . . . . casa subito!
7. Ci hanno proibito . . . . bere bevande alcoliche!
8. Sara sta imparando . . . . guidare.

Capitolo 14 - **Luoghi a confronto**

A. I pronomi relativi
B. I comparativi
C. I comparativi irregolari
D. I superlativi

A. 1. Completare ogni frase con uno dei seguenti pronomi relativi: che - di cui - chi - tutto ciò che - con cui - a cui

1. Il quartiere . . . . ti ho parlato si trova a Modena.
2. Ecco le medicine . . . . mi ha ordinato il dottore.
3. . . . . vi hanno detto di Laura è falso.
4. . . . . vuole imparare deve studiare.
5. La donna . . . . state parlando è mia zia.
6. Il professore . . . . avete fatto le domande è americano.

A. 2. Tradurre il pronome relativo indicato tra parentesi.

1. (He who) . . . . dorme non piglia (doesn't catch) pesci.
2. L' attrice (of whom) . . . . tutti parlano è francese.
3. Il sofà (on which) . . . . si è seduta tua sorella è molto comodo.
4. L'università (that) . . . . frequentate è molto antica.
5. (To whom) . . . . possiamo chiedere aiuto?
6. L' agenzia (for which) . . . . lavorano i tuoi amici si trova a Pisa.

A. 3. Completare ogni frase con uno dei seguenti pronomi relativi: ciò che, che, tutto quello che

1. . . . . vuole Carlo è una casa nuova.
2. Il vestito . . . . hai comprato è molto costoso.
3. Non capisco . . . . stai dicendo.
4. L'attore . . . . recita così bene è inglese.
5. . . . . scrivi è sempre molto interessante.
6. . . . . ti consigliano i tuoi genitori è giusto.

B. 1. Completare ogni frase con una delle seguenti parole: più, meno, come, che

1. Il Texas è . . . . grande del Connecticut.
2. L'Italia è . . . . piccola degli Stati Uniti.
3. Padova è . . . . famosa di Venezia.
4. È vero che Barcellona è (così) interessante . . . . . . Madrid?
5. A Roma piove . . . . che a Londra.
6. Ci sono più abitanti a Milano . . . . a Modena.
7. Gino mangia più carne . . . . verdure.
8. A scuola tu sei (così) bravo . . . . Paolo.

B. 2. Completare con le seguenti espressioni: più intelligente dell' - alta come - più rare delle - meno furba della - più fedele del - più buone di - meno costosa di - che

1. L'anitra è . . . . volpe.
2. Il cane è . . . . gatto.

3. La tua macchina è . . . . quella di tuo cugino.
4. Gisella è esattamente (così) . . . . te.
5. Le castagne sono . . . . pere.
6. È meglio ascoltare . . . . parlare.
7. Queste pesche sono . . . . quelle arance.
8. Il delfino è . . . . asino.

C. 1. Completare con uno dei seguenti comparativi: migliore, peggiore, maggiore o minore.

1. Luigi ha nove anni mentre Paola ne ha sei: Paola, perciò, è . . . . di Luigi.
2. La mia automobile si rompe (breaks down) spesso; la tua, invece, non si rompe mai. La tua macchina, perciò, è . . . . della mia.
3. Questa pasta è molto buona, ma quella di ieri era cattiva: questa pasta, perciò è . . . . di quella di ieri.
4. Il tuo dolce è squisito mentre quello che ha preparato Lorella è piuttosto cattivo; il dolce di Lorella, perciò, è . . . . del tuo.
5. Giovanni ha diciotto anni mentre Alfredo ne ha quindici: Giovanni, perciò, è . . . . di Alfredo.
6. Il clima in italia è molto più mite di quello dell'Alaska. Il clima dell'Alaska perciò, è . . . . di quello dell'Italia.

C. 2. Completare con uno dei seguenti comparativi: meglio, peggio, di più o di meno.

1. Tu sai nuotare benissimo. Rosa, invece, ha appena imparato. Dunque tu nuoti. . . . . di Rosa.
2. Voi parlate bene l'italiano mentre noi lo parliamo male. Dunque noi parliamo l'italiano . . . . di voi.
3. Se vuoi dimagrire devi mangiare . . . .
4. Se volete prendere dei bei voti a scuola dovete studiare . . . .
5. Tuo padre è ancora ammalato? No, per fortuna ora sta . . . ., grazie.
6. Giorgio non sta bene perchè beve troppo: dovrebbe bere . . . .

D. 1. Completare le seguenti frasi al superlativo, come indicato nell' esempio.

Esempio: *Il Po è ...... fiume ...... lungo ...... Italia. Il Po è il fiume più lungo d'Italia.*

1. Le Alpi sono . . . . montagne . . . . alte . . . . Italia.
2. Il giorno del vostro matrimonio è stato . . . . giorno . . . . felice . . . . vostra vita.
3. Claudio è . . . . studente . . . . intelligente . . . . classe.
4. Loretta è . . . . ragazza . . . . bella . . . . gruppo.
5. Questo bambino non è molto alto; infatti è. . . . . bambino . . . . alto . . . . tutti.
6. Io non sono molto sportiva; infatti io sono . . . . persona . . . . sportiva . . . . mia famiglia.

D. 2. Completare con le parole corrette. Scegliere tra le seguenti: ottimo, pessima, ottimamente, pessimamente.

1. È vero che questo ristorante è molto buono? Sì, è . . . .
2. È vero che avete mangiato malissimo? Sì, abbiamo mangiato . . . .
3. È vero che questa pizza è molto cattiva? Sì, è . . . .
4. È vero che l'esame è andato benissimo? Sì, è andato . . . .

Capitolo 15 - **L'arte di raccontare**

A. Il passato remoto
B. Le date
C. La corrispondenza

A. 1. Sostituire il soggetto della frase con quelli indicati tra parentesi, come nell'esempio.

Esempio: *L'anno scorso andai in Inghilterra (noi, lei)* ...... *L'anno scorso noi andammo in Inghilterra; l'anno scorso lei andò in Inghilterra.*

1. Due anni fa Antonio fece un viaggio bellissimo in Africa (io, voi) . . . .

2. Per l'esame di storia Marco studiò per tre mesi (noi, tu) . . . .

3. Dieci anni fa mio padre visitò Parigi (tu, voi) . . . .

4. Incontrai il tuo amico alcuni anni fa, a Roma (noi, lei) . . . .

5. Luigi ricevette il diploma di laurea a Napoli (io, loro) . . . .

6. Per la cena i tuoi genitori offrirono ottimi vini (tu, io) . . . .

A. 2. Completare con la forma corretta del passato remoto, come indicato nell'esempio.

Esempio: *Io (andare)* ...... *in montagna. Io andai in montagna.*

1. Tu (preparare) . . . . un buonissimo pranzo.
2. Noi (camminare) . . . . per più di tre ore.
3. Nicoletta (giocare) . . . . a nascondino con le amiche.
4. Io (parlare) . . . . con il preside.
5. I turisti (chiedere) . . . . informazioni all'aeroporto.
6. Voi (bere) . . . . troppo vino a cena.
7. Il bambino (dire) . . . . la verità.
8. Io (scrivere) . . . . al deputato.

A. 3. Mettere i verbi al passato remoto come indicato nell'esempio.

Esempio: *Io parlo con Luigi* ...... *Io parlai con Luigi.*

1. Giorgio compra le verdure . . . .
2. Loro stanno a casa . . . .
3. Noi diciamo una preghiera . . . .
4. I tuoi amici perdono la partita . . . .
5. Io ascolto il concerto . . . .
6. Voi decidete di partire . . . .
7. Il professore insegna molto bene . . . .
8. Tu chiami il taxi . . . .

A. 4. Scrivere 6 frasi al passato remoto usando i seguenti verbi: fare, parlare, avere, nascere, morire, vivere.

1. ....
2. ....
3. ....
4. ....
5. ....
6. ....

B. 1. Completare con la data indicata tra parentesi.

   Esempio: *Il regista morì (4/2/1990) ...... il quattro febbraio millenovecentonovanta.*

1. L'attore nacque (5/10/1986) ....
2. Tuo figlio si sposò (8/5/2000) ....
3. I ragazzi si diplomarono (20/7/1998) ....
4. Io presi l'aereo per Londra (18/6/1980) ....
5. Tu arrivasti negli Stati Uniti (7/3/1971) ....
6. Noi partimmo per Tokio (10/9/1984) ....

B. 2. Completare con una delle seguenti preposizioni: in, a

1. Andremo .... Chicago fra due mesi.
2. .... primavera ci sono molti fiori nei prati.
3. Mio fratello verrà a casa mia .... Natale.
4. Luisa andrà .... Spagna presto.
5. .... autunno piove spesso.
6. Dovrei laurearmi .... giugno.
7. Andate sempre a sciare .... inverno?
8. ..... Pasqua farò un viaggio con mia sorella.

C. Come si dice...? Scrivere l'equivalente in italiano.

1. Dear Gianni ....
2. Distinguished professor Rivi ....
3. Dear Miss Prandi ....
4. My dear daddy ....
5. Best wishes ....
6. With affection ....
7. A big hug ....
8. Merry Christmas! ....
9. Happy New Year! ....
10. Happy holidays! ....
11. Happy Easter to everybody! ....
12. Best greetings ....

Capitolo 16 - **Un artista nel Rinascimento**

A. Il congiuntivo presente
B. Verbi ed espressioni con il congiuntivo
C. Il congiuntivo passato
D Uso del congiuntivo vs. l'infinito

A. 1. Sostituire il soggetto della frase dipendente con quelli indicati tra parentesi, come nell'esempio.

Esempio: *Spero che Luigi arrivi presto (voi, tu, loro). ...... Spero che voi arriviate presto. Spero che tu arrivi presto. Spero che loro arrivino presto.*

1. Penso che tu abbia ragione (loro, voi, lei) . . . .

2. Speriamo che l'autobus arrivi in orario (i ragazzi, voi, tu) . . . .

3. Credi che gli studenti abbiano capito? (Luigi, io, noi) . . . .

4. Temono che suo fratello non venga alla festa (le sue sorelle, voi, tu) . . . .

5. Credo che Giovanni parta domani (loro, voi, tu) . . . .

6. Roberto pensa che suo figlio lavori troppo (tu, io, voi) . . . .

A. 2. Aggiungere "credo che" all'inizio di ogni frase e poi mettere i verbi al congiuntivo.

Esempio: *Questo museo è nuovo. ...... Credo che questo museo sia nuovo.*

1. In quella pinacoteca ci sono più di mille quadri . . . .

2. La tua scuola è molto famosa . . . .

3. Loretta vuole imparare a giocare a tennis . . . .

4. A voi piace molto sciare . . . .

5. I tuoi amici hanno organizzato una gita in campagna . . . .

6. Tu preferisci mangiare il pesce stasera, vero? . . . .

7. Armando comincia a lavorare la prossima settimana . . . .

8. I figli di Silvia sanno nuotare molto bene . . . .

B. 1. Completare con la forma corretta del congiuntivo, come indicato nell'esempio.

Esempio: *È importante che tu (venire) ...... a casa nostra domani. È importante che tu venga a casa nostra domani.*

1. È necessario che voi (ascoltare) . . . . la conferenza.
2. È giusto che tu (ricevere) . . . . questo premio.

3. Si dice che Giuseppe (suonare) . . . . il violino molto bene.
4. È bene che tu (seguire) . . . . rigorosamente questa dieta.
5. Sembra che loro (sapere) . . . . parlare il giapponese.
6. È meglio che noi (stare) . . . . a casa questa sera.
7. Peccato che io non (potere) . . . . venire con voi da Renato.
8. Bisogna che tua figlia (andare) . . . . dal dentista al più presto.

B. 2. Scrivere 6 frasi usando le seguenti espressioni: è difficile che - è incredibile che - è giusto che - è meglio che - è impossibile che - peccato che

1. . . . .
2. . . . .
3. . . . .
4. . . . .
5. . . . .
6. . . . .

C. 1. Aggiungere "pare che" all'inizio di ogni frase e poi mettere i verbi al congiuntivo.

Esempio: *Paolo ha già visitato questa cattedrale.* ...... *Pare che Paolo abbia già visitato questa cattedrale.*

1. Il postino è arrivato in anticipo oggi . . . .
. . . .

2. Lo studente si è addormentato in classe . . . .
. . . .

3. I genitori di Claudia sono andati all'ospedale . . . .
. . . .

4. Tu non hai capito la lezione . . . .
. . . .

5. Francesca ha dipinto un bellissimo quadro . . . .

6. I giornalisti hanno fatto domande molto difficili . . . .

7. Quel signore ha l'abitudine di parlare troppo mentre mangia . . . .

8. Il dottore non ha ancora telefonato a Marisa . . . .
. . . .

C. 2. Rispondere alle domande come indicato nell'esempio.

Esempio: *Ha studiato la tua compagna di classe?* ...... *Sì, credo che abbia studiato.*

1. È venuta l'infermiera? . . . .
2. Hanno mangiato i tuoi amici? . . . .
3. Ha telefonato l'imprenditore? . . . .
4. Hanno fatto una passeggiata i tuoi zii? . . . .
5. Sono arrivati i bambini? . . . .
6. Si sono svegliati i tuoi fratelli? . . . .
7. Si è addormentata la tua nipotina? . . . .
8. Si sono incontrate al mare le tue amiche? . . . .

D. 1. Riscrivere ogni frase usando nella frase secondaria lo stesso soggetto della frase principale, come indicato nell'esempio.

Esempio: *Spero che Paolo arrivi presto.* ...... *Spero di arrivare presto.*

1. Angela crede che Andrea sia molto intelligente . . . .
2. Voi pensate che loro vadano a teatro stasera . . . .
3. Speriamo che tuo padre non sia ammalato . . . .
4. Hai paura che Gertrude perda il treno? . . . .
5. Temo che Piero sia in ritardo per la partita . . . .
6. Loro pensano che voi andiate in vacanza tra una settimana . . . .

D. 2. Riscrivere le frasi inserendo "Enrico" come soggetto della frase secondaria.

Esempio: *Carlo teme di essere in ritardo.* ...... *Carlo teme che Enrico sia in ritardo.*

1. Io penso di partire fra due ore . . . .
. . . .
2. Tuo padre crede di essere un bravissimo cuoco . . . .
. . . .
3. I tuoi fratelli temono di non avere abbastanza soldi per la vacanza . . . .
. . . .
4. Mi dispiace disturbare i vicini di di casa . . . .
. . . .
5. Anna pensa di tornare a casa domani . . . .
. . . .
6. Ho paura di avere sbagliato strada . . . .
. . . .

Capitolo 17 - **Un'opera a Napoli**

A. Il congiuntivo imperfetto
B. Il congiuntivo trapassato
C. Congiunzioni con il congiuntivo
D. Espressioni indefinite e frasi relative con il congiuntivo

A. 1. Inserire la corretta forma verbale del congiuntivo, come indicato nell'esempio.

Esempio: *Pensavo che Pina (lavorare) ...... in un supermercato. Pensavo che Pina lavorasse in un supermercato.*

1. Credevo che tu (parlare) . . . . il francese.
2. Pensavo che lei (aiutare) . . . . la sua vecchia mamma.
3. Speravo che loro (arrivare) . . . . in orario.
4. Avevo l'impressione che voi (volere) . . . . . . visitare la chiesa.
5. Temevo che Valerio non (dare) . . . . l'esame di chimica.
6. Mi pareva che Elena (essere) . . . . più giovane di te.
7. Credevo che quegli impiegati (essere) . . . . più onesti.
8. Pensavo che Rossano (avere) . . . . almeno vent'anni.

A. 2. Sostituire il soggetto della frase secondaria con quelli indicati tra parentesi, come nell'esempio.

Esempio: *Credevo che tua sorella dormisse (tu, loro, voi). ...... Credevo che tu dormissi. Credevo che loro dormissero. Credevo che voi dormiste.*

1. Giorgio credeva che tu sapessi suonare la chitarra (voi, loro, io) . . . .
. . . .
2. Speravo che Rosa studiasse di più (tu, loro, voi) . . . .
. . . .
3. Pensavamo che Luigi partisse immediatamente (voi, tu, loro) . . . .
. . . .
4. Gina pensava che io fossi spagnola (tu, loro, Roberta) . . . .
. . . .
5. Credevo che tu non bevessi bevande alcoliche (lei, voi, loro) . . . .
. . . .
6. Luisa aveva l'impressione che tu stessi malissimo (voi, io, noi) . . . .
. . . .
7. Pensavo che tu guardassi la televisione più spesso (lei, voi, loro) . . . .
. . . .
8. Il dottore credeva che io facessi almeno una passeggiata al giorno (voi, tu, noi) . . . .
. . . .

B. 1. Rispondere alle domande, come indicato nell'esempio.

Esempio: *Aveva già mangiato tua figlia? ...... Sì, credo che avesse già mangiato.*

1. Aveva già apparecchiato la tavola tua madre? . . . .
2. Era già partita sua cugina? . . . .

3. Avevano già comprato la casa i tuoi genitori? . . . .

4. Erano già arrivate le attrici? . . . .

5. Si era già laureata tua sorella? . . . .

6. Stefania aveva già cominciato a lavorare? . . . .

7. Tua madre aveva già fatto la spesa? . . . .

8. I camerieri erano già andati via? . . . .

B. 2. Riscrivere le frasi aggiungendo "Mi pareva che" all'inizio di ognuna e cambiando la forma verbale, come indicato nell'esempio.

Esempio: *La signora aveva ricevuto il pacco.* ...... *Mi pareva che la signora avesse ricevuto il pacco.*

1. Il cuoco non era ancora arrivato . . . .

. . . .

2. I suoi bambini avevano ricevuto dei bei voti a scuola . . . .

. . . .

3. La chiesa era stata restaurata da poco tempo . . . .

. . . .

4. Carlo aveva venduto la sua Lamborghini . . . .

. . . .

5. Luisa aveva imparato ad usare il computer perfettamente . . . .

. . . .

6. I ragazzi avevano fatto i compiti . . . .

. . . .

7. I nostri compagni avevano organizzato una festa . . . .

. . . .

8. Paola e Claudio non si erano sposati . . . .

. . . .

C. 1. Riscrivere ogni frase usando "benchè + congiuntivo" al posto di "anche se", come indicato nell'esempio.

Esempio: *Carla va al lavoro anche se è ammalata.* ...... *Carla va al lavoro benchè sia ammalata.*

1. Tina mangia molto anche se è a dieta . . . .

. . . .

2. Francesco non studia mai anche se presto deve dare un esame . . . .

. . . .

3. I bambini di Letizia hanno un buon cuore, anche se sono un po' viziati . . . .

. . . .

4. Io vorrei fare questa gita, anche se non mi sento molto bene . . . .

. . . .

C. 2. Formare ogni frase aggiungendo "prima di + infinito" oppure "prima che + congiuntivo", come indicato negli esempi.

Esempi: *Telefono a Enzo / parto.* ...... *Telefono a Enzo prima di partire. Telefono a Enzo / lui parte.* ...... *Telefono a Enzo prima che lui parta.*

1. Studio molto / do l'esame . . . .

2. I signori Benassi preparano la loro villa / gli ospiti arrivano

3. Teresa prende un caffè / va al lavoro . . . .

4. Preparo la cena / mio marito torna a casa . . . .

5. Andiamo al cinema / il film comincia . . . .

6. Chiudete la finestra / uscite . . . .
7. Voglio parlare a Mario / lui va a casa . . . .
8. Ci laviamo le mani / mangiamo . . . .

C. 3. Completare ogni frase con una delle seguenti congiunzioni: nonostante - a meno che - sebbene - affinchè - purchè - a patto che - prima che - nel caso che.

1. Verremo sicuramente al picnic . . . . non piova.
2. Annalisa è andata a scuola . . . . non stia bene.
3. Avete dato la mancia al cameriere . . . . sia stato poco gentile.
4. Cinzia ti presterà il video-registratore . . . . . tu glielo restituisca domani.
5. Ti scriverò certamente . . . . tu mi prometta di rispondermi.
6. Faccio subito una passeggiata con il cane . . . . cominci a nevicare.
7. faccia brutto tempo staremo a casa.
8. Vi presterò dei soldi . . . . possiate comprare la macchina.

D. Completare ogni frase con la forma verbale corretta del verbo tra parentesi, come indicato nell'esempio.

Esempio: *Davide vorrebbe trovare un sofà che (costare) ...... poco. Davide vorrebbe trovare un sofà che costi poco.*

1. Nella nostra ditta cercano qualcuno che (parlare) . . . . bene il cinese.
2. Il direttore è molto esigente (demanding): qualsiasi cosa tu (fare) . . . . . non è mai contento.
3. Vorrei comprare una casa in montagna che non (essere) . . . . troppo costosa.
4. Chiunque (trovare) . . . . il mio gattino per favore mi telefoni immediatamente.
5. Tuo cugino è molto viziato: non c'è niente che gli (piacere) . . . .
6. Sei andato all'opera ieri sera? Sì, ma è stata l'opera più brutta che (avere) . . . . mai visto.
7. A Gigi piacerebbe conoscere una brava ragazza che lo (capire) . . . .
8. Angela vorrebbe trovare un paio di scarpe che (essere) . . . . eleganti e comode.

Capitolo 18 - **Una nuova famiglia**

A. Frasi ipotetiche
B. La costruzione passiva
C. Fare e lasciare seguiti dall'infinito
D. Espressioni con fare e lasciare

A. 1. Completare ogni frase con la forma corretta dei verbi tra parentesi, come indicato nell'esempio.

Esempio: *Se Sandra (venire)* ...... *al matrimonio (divertirsi)* ...... *molto. Se Sandra* venisse *al matrimonio si* divertirebbe *molto.*

1. Se tu (avere)............ molti soldi (andare)............... in Italia tutti gli anni.
2. Se voi (studiare) .... di più (prendere) .... dei bei voti.
3. Se io (potere) .... volare (visitare)................ tutto il mondo.
4. Se loro (venire)............ in vacanza con noi (divertirsi)........... molto.
5. Se noi (partire)............. alle sette (arrivare) .... verso le dieci.
6. Se Giorgio (essere)........ libero (venire)......... al ricevimento (reception) volentieri.
7. Se tu (mangiare) .... di meno (dimagrire)............. sicuramente.
8. Se Paola (iscriversi) .... a questa facoltà (avere) .... dei bravi professori.

A. 2. Sostituire il soggetto della frase secondaria con quelli indicati tra parentesi, come nell'esempio.

Esempio: *Se fossi ricco comprerei una bellissima villa (Carlo, tu, loro).* ...... *Se Carlo fosse ricco comprerebbe una bella villa. Se tu fossi ricco compreresti.... Se loro fossero ricchi comprerebbero....*

1. Se io avessi più tempo leggerei molti romanzi (lei, voi, tu) . . . .
   . . . .
2. Se lei vivesse in Italia imparerebbe l'italiano facilmente (io, noi, loro) . . . .
   . . . .
3. Se tu rimanessi qui un altro giorno potresti venire al concerto con noi (lei, voi, loro) . . . . . .
   . . . .
4. Se loro andassero al mare nuoterebbero ogni giorno (lei, tu, io) . . . .
   . . . .
5. Se noi abitassimo in Germania potremmo parlare il tedesco molto spesso (voi, tu, lei) . . . .
   . . . .
6. Se voi non capiste la lezione chiedereste spiegazioni all'insegnante (tu, loro, io) . . . .
   . . . .
7. Se tu non bevessi tanto vino ti sentiresti meglio (lei, loro, noi) . . . .
   . . . .
8. Se io fossi un giornalista intervisterei molti politici famosi (tu, loro, voi) . . . .
   . . . .

A. 3. Mettere al passato come indicato nell'esempio.

Esempio: *Se fossi ricco viaggerei in tutto il modo.* ...... *Se fossi stato* ricco avrei viaggiato *in tutto il mondo.*

1. Se non piovesse potremmo giocare a golf . . . .
   . . . .
2. Se loro ti invitassero a cena accetteresti volentieri . . . .
   . . . .

3. Se vedeste questo film vi piacerebbe molto . . . .

. . . .

4. Se io fossi meno impegnata studierei il francese . . . .

. . . .

5. Se i bambini fossero più ubbidienti i loro genitori sarebbero più contenti . . . .

. . . .

6. Se tu mi offrissi un bicchiere di vino mi faresti piacere . . . .

. . . .

7. Se lei mi vendesse la sua moto gliela pagherei molto bene . . . .

. . . .

8. Se Emilio fosse più gentile Elena lo inviterebbe a pranzo . . . .

. . . .

B. Rispondere usando la costruzione passiva, come indicato nell'esempio.

Esempio: *Chi ha costruito questa casa? (mio zio)* ...... *Questa casa è stata costruita da mio zio.*

1. Chi ha scritto il romanzo "Il nome della rosa"? (Umberto Eco) . . . .

. . . .

2. Chi ha composto "Madame Butterfly"? (Giacomo Puccini) . . . .

. . . .

3. Chi ha scritto "La Divina Commedia"? (Dante Alighieri) . . . .

. . . .

4. Chi ha scritto "L'Orlando Furioso"? (Ludovico Ariosto) . . . .

. . . .

5. Chi ha dipinto "La Gioconda"? (Leonardo da Vinci) . . . .

. . . .

6. Chi ha inventato la pila? (Alessandro Volta) . . . .

. . . .

7. Chi ha scritto "La Locandiera"? (Carlo Goldoni) . . . .

. . . .

8. Chi ha inventato la radio? (Guglielmo Marconi) . . . .

. . . .

C. 1. Inserire la corretta forma verbale di "fare" e la corretta preposizione, come indicato nell'esempio.

Esempio: *Io ...... lavare la macchina ...... mio marito. Io* faccio *lavare la macchina* a *mio marito.*

1. Tu . . . . pulire il garage . . . . tue figlie.
2. Noi . . . . riparare (repair) il computer . . . . impiegato.
3. Loro . . . . prendere le medicine . . . . bimba ammalata.
4. Gisella . . . . pubblicare il suo libro . . . . vostra casa editrice.
5. Voi . . . . tagliare l'erba . . . . giardiniere (gardener).

C. 2. Trasformare le frasi come indicato nell'esempio.

Esempio: *Carlo, lascia uscire tuo figlio stasera!* ...... *Carlo,* lascialo uscire *stasera!*

1. Rosa, lascia studiare le tue cugine! . . . .
2. Ragazzi, lasciate dormire il cane! . . . .
3. Pierino, lascia giocare la tua cuginetta! . . . .
4. Signori, lasciate parlare il conferenziere! . . . .

5. Mamma, lascia entrare il gatto! . . . .

6. Enrica e Roberto, lasciate partire i vostri figli! . . . .

D. 1. Inserire un sinonimo di fare nella forma verbale corretta, come indicato nell'esempio.

Esempio: *Gianni, hai (fatto) ...... il tema? Gianni, hai svolto il tema?*

1. Ragazzi, quando (fate) . . . . il telegramma?

2. I bambini hanno finalmente (fatto) . . . . gli esercizi.

3. Ricordati di (fare) . . . . gli auguri di Buon Natale al tuo direttore.

4. L'insegnante ha (fatto) . . . . una lezione piuttosto noiosa ieri.

5. Paolo, i tuoi impiegati (fanno) . . . . il loro dovere ?

D. 2. Completare ogni frase con una delle seguenti espressioni: lascia fare a noi! - lasciami in pace! - lascia perdere! - lasciatelo in pace!

1. Bambini, non disturbate il nonno! . . . .

2. Piera, perchè sei ancora arrabbiata con Rinaldo? Per favore . . . .

3. Ragazzi, a chi posso chiedere aiuto per spostare (move) i mobili? . . . .

4. Luigino, non vedi che sto studiando? . . . .

Capitolo preliminare

A. Pronuncia (pronunciation)

1. Vocali (vowels)

Come pronunciamo (how do we pronounce) le vocali italiane? (Italian vowels?)
Come pronunciamo le vocali italiane?

Ascoltate e ripetete (listen and repeat):

A come in	ALBERO (tree) ///		ANITRA (duck) ///
E come in	ECCO (here is/here are) ///	*oppure* (or)	ESPRESSO (espresso) ///
	(open sound)		(closed sound)
I come in	ISOLA (island) ///		ITALIANO (Italian) ///
O come in	OCA (goose) ///	*oppure* (or)	OTTOBRE (October) ///
	(open sound)		(closed sound)
U come in	UNO (one) ///		ULTIMO (last) ///

Ecco una parola con tutte le vocali: AIUOLE (flower-beds) ///   Ripetete: /// AIUOLE

2. Consonanti (consonants)

Come pronunciamo (how do we pronounce) le consonanti italiane? (Italian consonants?)
Come pronunciamo le consonanti italiane?

Ascoltate e ripetete (listen and repeat):

B /// **C** /// **D** /// **F** /// **G** /// **H** /// **L** /// **M** /// **N** /// **P** /// **Q** ///
R /// **S** /// **T** /// **V** /// **Z** ///

Ora ascoltate i seguenti suoni e ripetete (now listen to the following sounds and repeat):

CI	CIPOLLA (onion) ///	**CE**	CESTA (basket) ///
CA	CASA (house) ///	**CO**	COSTO (cost) ///
CHI	CHIESA (church) ///	**CHE**	CHE (that) ///
GI	GIRAFFA (giraffe) ///	**GE**	GELATO (ice cream) ///
GA	GATTO (cat) ///	**GU**	GUSTO (taste) ///
GHI	GHIANDA (acorn) ///	**GHE**	GHETTO (ghetto) ///
GLI	FOGLIA (leaf) ///		CONIGLIO (rabbit) ///
GN	BAGNO (bathroom) ///		RAGNO (spider) ///
H	HO (I have) ///		HANNO (they have) ///
P	PERA (pear) ///		PENNA (pen) ///
R	RAGAZZO (boy) ///		BORSA (bag) ///
S	SERA (evening) ///		SEDIA (chair) ///

oppure (or)   SV<u>E</u>NDITA (sale) ///

SCI   SCIARPA (scarf) ///   **SCE**

SCA   SCARPA (shoe) ///   **SCO**

SCHI   SCHIENA (back) ///   **SCHE**

T   TAVOLA (table) ///

Z   ZAINO (backpack) ///

oppure (or)   GR<u>A</u>ZIE (thank you) ///

ROSA (rose) ///

SCERIFFO (sceriff) ///

SCONTO (discount) ///

SCHERZO (joke) ///

TAPPETO (rug) ///

ZANZARA (mosquito) ///

PREZZO (price) ///

3. Consonanti doppie (double consonants)

Ascoltate e ripetete:

PA<u>L</u>A (shovel) ///   PA<u>LL</u>A (ball) ///   CA<u>S</u>A (house) ///   CA<u>SS</u>A (crate) ///

PO<u>L</u>O (pole) ///   PO<u>LL</u>O (chicken) ///   NO<u>T</u>E (notes) ///   NO<u>TT</u>E (night) ///

SE<u>R</u>A (evening) ///   SE<u>RR</u>A (greenhouse) /// CA<u>N</u>E (dog) ///   CA<u>NN</u>E (reeds) ///

4. Accento scritto (written accent)

Ascoltate e ripetete:

PAP**A** (pope) ///   PAP**À** (dad) ///   **E** (and) ///   **È** (is) ///

PER**O** (pear-tree) /// PER**Ò** (but) ///

Giorni della settimana

Ascoltate e ripetete:

lunedì ///
martedì ///
mercoledì ///
giovedì ///
venerdì ///
sabato ///
domenica ///

Che giorno è oggi? /// Oggi è lunedì ///
Che giorno è domani? /// Domani è martedì ///
mattino o (or) mattina /// pomeriggio /// sera /// notte ///
È giovedì mattina ///

Espressioni utili da ricordare

Ascoltate e ripetete:

1. Come si dice....? /// Si dice.... ///
   Come si dice "house" ? /// Si dice "casa" ///
   Come si dice "thank you"? /// Si dice "grazie" ///

2. Cosa vuol dire...? /// Vuol dire... ///
   Cosa vuol dire "pera"? /// Vuol dire "pear" ///
   Cosa vuol dire "penna"? /// Vuol dire "pen" ///

Parole, Parole!

1. Espressioni di cortesia e saluti

Ascoltate e ripetete:

Buon giorno ///   Buona sera ///   Buona notte ///
Arrivederci ///   A domani ///   A presto ///
Piacere di conoscerla ///   Piacere di conoscerti ///
Come sta? ///   Bene, grazie ///
Come stai? ///   Non c'è male, grazie ///

2. Colori

Ascoltate e ripetete:

nero (black) ///   bianco (white) ///   marrone (brown) ///
grigio (gray) ///   giallo (yellow) ///   rosso (red) ///
azzurro (light blue) ///   verde (green) ///   blu (blue) ///
rosa (pink) ///   arancione (orange) ///   viola (purple) ///

3. Numeri da zero a venti

Ascoltate e ripetete:

zero ///   uno ///   due ///   tre ///   quattro ///   cinque ///   sei ///   sette ///
otto ///   nove ///   dieci ///   undici ///   dodici ///   tredici ///   quattordici ///
quindici ///   sedici ///   diciassette ///   diciotto ///   diciannove ///   venti ///

4. Alcuni pronomi, titoli, nazionalità e contatti vari

Ascoltate e ripetete:

io ///   tu ///   lei ///
signora Bianchi /// signorina Satta /// signor Rossi ///
spagnolo /// cinese /// italiano ///
francese /// inglese /// russo ///

Come si chiama? /// Mi chiamo Paolo Rossi ///
Parla italiano? /// Sì, parlo italiano ///
Di dove è? /// Sono di Milano ///
Dove abita? /// Abito a Roma ///

Capitolo 1 - Per Cominciare: **Incontri**

Ascoltate e ripetete:

In aereo, /// volo Milano-Roma. ///

Luciano: Scusi, signorina, /// come si chiama?///
Lucille: Mi chiamo Lucille Bond, /// e Lei?///
Luciano: Sono Luciano Caretti. /// Piacere di conoscerLa.///
Lucille: Piacere.///
Luciano: Scusi, studia italiano? ///
Lucille: Sì, studio italiano, /// ma parlo poco. /// E Lei parla inglese?///
Luciano: Un po'. ///
Lucille: Ecco l'alfabeto italiano! /// A come in albero... ///
Luciano: A come in amore. ///
Lucille: Che cosa vuol dire amore?///
Luciano: Vuol dire love.///
Lucille: Ah, grazie mille... /// B come in barca...///
Luciano: B come in bacio...///
Lucille: Che cosa vuol dire bacio?///
Luciano: Vuol dire kiss.///
Lucille: Ah, grazie tante... /// C come in...///
Luciano: C come in cuore. /// Cuore vuol dire heart.///
Lucille: Molto interessante!... /// D come in donna... /// E come in... ///
Luciano: E come in...///
Lucille: E come in enough! ///
Luciano: Come si dice "enough" in italiano? ///
Lucille: Non lo so. /// Ecco il dizionario. ///

**Before answering the questions below read and/or listen to the entire dialogue
at least one more time.**

Rispondete:

1. Luciano parla italiano? . . . .
   Parla inglese? . . . .
2. Lucille studia inglese o italiano? . . . .
   Parla italiano? . . . .
3. Che cosa vuol dire albero? . . . . amore? . . . .
   barca? . . . . bacio? . . . . cuore? . . . . donna? . . . .
4. Come si dice "enough!" in italiano? . . . .

PRIMA LETTURA - **Al bar**

Ascoltate e ripetete:

Giorgio: Buon giorno! /// Come sta?///
Cameriere: Bene, grazie, e Lei?///
Giorgio: Non c'è male, grazie. /// Ecco alcuni amici: /// Paolo, Carlo e Luisa.
Cameriere: Piacere! /// Che cosa prendete? ///
Giorgio: Quattro caffè, per favore.
Cameriere: I caffè... normali?///
Giorgio: Sì, per me normale.///
Carlo: Per me un caffè ristretto.///
Luisa: Per me un caffè lungo.///
Paolo: Per me un caffè corretto.///
Cameriere: Corretto con la grappa?///
Paolo: Sì, con la grappa.///

Rispondete:

1. Come sta il cameriere? . . . .
   Come sta Giorgio?
2. Chi sono gli amici di Giorgio? . . . .
3. Chi ordina un caffè lungo? . . . .
   Chi ordina un caffè normale? . . . .
   Un caffè ristretto? . . . .
   Un caffè corretto ? . . . .

SECONDA LETTURA - **Incontri**

Ascoltate e ripetete:

1. In città, a Palermo

Il signor Smith, un signore americano: Scusi signorina, /// come si chiama?///
La signorina Rossi, una signorina italiana: Mi chiamo Carla Rossi, e Lei? ///
Signor Smith: Piacere, sono John Smith. /// Scusi, parla inglese? ///
Signorina Rossi: No, non parlo inglese, /// ma parlo francese e cinese. ///
Signor Smith: Peccato! ///

Rispondete:

1. Chi è John Smith? . . . .
   Parla inglese? . . . .
2. Chi è Carla Rossi? . . . .
   Parla inglese? . . . .
   Parla cinese? . . . .
   Parla francese? . . . .

2. All'università, a Bologna

Roberto: Scusa, come ti chiami? ///
Luisa:　 Mi chiamo Luisa Cabrini, e tu? ///
Roberto: Piacere, sono Roberto Costi. ///
Luisa:　 Di dove sei?///
Roberto: Sono di Venezia, /// ma abito a Bologna, e tu?///
Luisa:　 Io sono di Modena, /// ma abito a Bologna. ///

Rispondete:

1. Di dove è Roberto Costi? . . . .
   Dove abita? . . . .
2. Di dove è Luisa Cabrini? . . . .
   Dove abita? . . . .

FILASTROCCA

Ascoltate e ripetete:

C'è una donna nel bagno ///
e c'è un'anitra nello stagno. ///
In campagna ci sono i conigli ///
e nell'aiuola ci sono i gigli. ///

Ora ripetete dopo due righe:
(now repeat after two lines)

C'è una donna nel bagno
e c'è un'anitra nello stagno. ///
In campagna ci sono i conigli
e nell'aiuola ci sono i gigli. ///

Capitolo 2 - Per Cominciare: **Turisti**

Ascoltate e ripetete:

Luciano e Lucille sono ancora in aereo. ///

Lucille: Scusi, Lei di dove è? ///
Luciano: Sono di Torino, ma abito a Roma; /// e Lei? ///
Lucille: Io sono di New York /// ma abito nel New Jersey. ///
Luciano: Oh, New York è una città magnifica! ///
Lucille: Sì, è molto bella, /// ma ci sono sempre troppi turisti! /// E a Roma ci sono molti turisti? ///
Luciano: Di solito sì, ci sono moltissimi turisti. ///
Lucille: E adesso? /// Ci sono molti turisti in febbraio? ///
Luciano: In inverno non ci sono troppi turisti. /// Però ci sono alcuni turisti molto importanti. ///
Lucille: Per esempio? /// Chi sono questi turisti importanti? ///
Luciano: Beh... per esempio c'è la signorina Lucille Bond! ///
Lucille: Oh, grazie, grazie; /// Lei è sempre molto gentile. ///

Before answering the questions below read and/or listen to the entire dialogue at least one more time.

Rispondete:

1. Di dove è Lucille? . . . .
   Dove abita Lucille? . . . .
   È americana o italiana?
2. Di dove è Luciano? . . . .
   Dove abita Luciano? . . . .
   È italiano o americano? . . . .
3. Ci sono molti turisti a New York? . . . .
   È bella New York? . . . .
4. In febbraio ci sono molti turisti a Roma? . . . .
   Ci sono alcuni turisti importanti? . . . .
   Chi sono? . . . .
5. È gentile Luciano? . . . .

PRIMA LETTURA - **A scuola**

Ascoltate e ripetete:

Luisa: Com'è il nuovo preside? ///
Carla: È alto, biondo e magro. ///
Gianni: No, no: è basso, bruno e grasso. ///
Luisa: È giovane o vecchio? ///
Carla: È giovane. ///
Gianni: No, no: il nuovo preside è vecchio. ///
Luisa: È calmo o nervoso? ///
Carla: È nervosissimo e cattivissimo. ///
Aldo: No, no: è molto calmo e molto buono. ///
Luisa: È simpatico o antipatico? ///
Carla: È molto antipatico! ///
Gianni: No, no: è simpaticissimo! ///
Luisa: Ecco il preside!... /// è di statura media, castano, /// nè grasso nè magro, nè giovane nè vecchio... ///
Preside: Buon giorno ragazzi; /// bella giornata, vero?; /// io sono il nuovo preside; /// mi chiamo Franco Sghedoni... ///
Luisa: Certamente è simpatico! ///

Rispondete:

1. Dove sono gli studenti? . . . .
2. Come si chiama il nuovo preside? . . . .
    È alto o basso? . . . .
    È grasso o magro? . . . .
    È biondo o bruno? . . . .
    È giovane o vecchio? . . . .
    È simpatico o antipatico? . . . .

SECONDA LETTURA - **Turisti**

Ascoltate e ripetete:

1. In una cabina telefonica, a Pisa ///

John: Pronto! ///
Carlo: Pronto! Chi parla? ///
John: Ciao Carlo, sono io, John. /// Come stai? ///
Carlo: Oh, ciao Giovanni. /// Io sto bene, grazie. /// Ma...dove sei? ///
John: Sono qui, a Pisa, /// vicino alla famosa torre.///
Carlo: Sei a Pisa? /// Vieni immediatamente a casa mia! ///
John: Vengo, vengo, ma... /// dove abiti esattamente? ///
Carlo: Abito in via Puccini, numero tre, /// non lontano dalla piazza./// Hai la macchina? ///
John: No, non ho la macchina, /// ma c'è l'autobus qui vicino e... ///
Carlo: No, no, vengo io; /// a presto! Benvenuto a Pisa! ///

Rispondete:

1. Dov'è John? . . . .
    Dov'è Carlo? . . . .
2. Dove abita Carlo? . . . .
    Ha la macchina John? . . . .

FILASTROCCA

Ascoltate e ripetete:

Il dottore scherza con l'amico: ///
"Che schifo lo sciopero passato!" ///
"Che scemo il politico disoccupato!" ///
"E che noioso lo scienziato preoccupato!"///

Ora ripetete dopo due righe (now repeat after two lines):

Il dottore scherza con l'amico:
"Che schifo lo sciopero passato!" ///
"Che scemo il politico disoccupato!"
"E che noioso lo scienziato preoccupato!"///

Capitolo 3 - Per Cominciare: **Amici e nemici**

Ascoltate e ripetete:

Ancora in aereo. ///

Luciano: Scusi, Lei ha molti amici? ///
Lucille: Amici? /// Cosa vuol dire amici? ///
Luciano: Vuol dire "friends". /// Ci sono gli amici /// e ci sono i nemici. ///
Lucille: Nemici? /// Cosa vuol dire nemici? ///
Luciano: Vuol dire "enemies". /// Ha nemici Lei? ///
Lucille: Oh, no; non ho nemici, /// ma ho molti amici: /// Cindy, Linda, Florence, ///
 Paul, John... e Lei? ///
Luciano: Io ho moltissimi amici /// e anche alcuni nemici. ///
 E... Lei ha solo amici americani /// o anche amici italiani? ///
Lucille: Ho solo amici americani; e Lei? ///
Luciano: E io ho solo amici italiani; /// non ho amici americani! ///
 Ma forse ora /// ho anche un'amica americana, giusto? ///
Lucille: Certamente; /// e io ho un amico italiano! ///
Luciano: Sono molto contento. ///
Lucille: Anch'io. ///

**Before answering the questions below read and/or listen to the entire dialogue
at least one more time.**

Rispondete:

1. Che cosa vuol dire "amici"? . . . .
 E "nemici"? . . . .
2. Lucille ha molti amici? . . . .
 Chi sono? . . . .
 Lucille ha anche nemici? . . . .
 Ha amici italiani? . . . .
3. Luciano ha molti amici? . . . .
 Ha anche nemici? . . . .
 Ha amici americani? . . . .
4. Luciano e Lucille sono amici? . . . .
 È contento Luciano? . . . .
 E Lucille? . . . .

PRIMA LETTURA - **In una trattoria**

Ascoltate attentamente:

Roberto e Laura sono due amici. Oggi sono in una trattoria, a Trieste.

Roberto: Che cosa prendi?
Laura: Prendo la pasta al gorgonzola e un'insalata.
Roberto: Mangi poco! Io prendo un antipasto, le penne al ragù, una cotoletta, dei pomodori
 e... un tiramisù.
Laura: Ma tu mangi moltissimo! Quante volte mangi al giorno?
Roberto: Mangio solo due volte: a pranzo e a cena. Al mattino prendo solo un caffè. E tu?
Laura: Io mangio sempre tre volte al giorno, incluso il mattino, ma mangio sempre poco.
 La domenica, però, mangio solo due volte, perchè dormo fino a mezzogiorno!
Roberto: Ecco il cameriere! Ora ordiniamo!

Rispondete:

1. Chi sono Roberto e Laura? . . . .
   Dove sono oggi? . . . .
2. Che cosa prende Laura? . . . .
   Che cosa prende Roberto? . . . .
3. Quante volte al giorno mangia Roberto? . . . .
4. Quante volte al giorno mangia Laura, di solito? . . . .
   E la domenica? . . . .
   Perchè? . . . .

SECONDA LETTURA - **Amici e nemici**

Ascoltate attentamente:

1. Pinocchio

Pinocchio è un burattino. Abita con il papà, Geppetto.
Pinocchio non studia e non lavora, ma gioca sempre. Infatti, quando Geppetto compra un libro per Pinocchio, Pinocchio vende il libro.
Il Grillo Parlante è la coscienza di Pinocchio.
Il grillo è molto buono: è un vero amico di Pinocchio. Anche la fata è una vera amica.
Invece il gatto e la volpe sono falsi amici di Pinocchio.

Rispondete:

1. Chi è Pinocchio? . . . .
   Con chi abita? . . . .
2. Come si chiama il papà di Pinocchio? . . . .
3. Chi è il Grillo Parlante? . . . .
   Com'è il grillo? . . . .
   E la fata? . . . .
4. Chi sono il gatto e la volpe? . . . .

FILASTROCCA

Ascoltate e ripetete:

Chi è la ragazza vicino al laghetto? ///
Che cosa mangia lo scoiattolo sul tetto? ///
La ragazza si chiama Vanda ///
e lo scoiattolo mangia la ghianda. ///

Ora ripetete dopo due righe:

Chi è la ragazza vicino al laghetto?
Che cosa mangia lo scoiattolo sul tetto? ///
La ragazza si chiama Vanda
e lo scoiattolo mangia la ghianda. ///

Capitolo 4
Per Cominciare: **Città e campagna**

Ascoltate:

Atterraggio.

Luciano: Lucille, dove si trova la tua casa, in America?
In città o in campagna?

Lucille: Io abito in un appartamento in città, con due amiche;
la casa dei miei genitori, invece, si trova in campagna, con tanti alberi,
tanti fiori, tanti animali... e la tua casa dove si trova?

Luciano: Anch'io abito in un appartamento: si trova in centro a Roma.
Non è lontano dal Colosseo.

Lucille: Oh, il Colosseo! È magnifico! E tu abiti da solo o con la tua famiglia?

Luciano: Abito con mio padre, mia madre e un fratello di undici anni. E tu,
hai fratelli o sorelle?

Lucille: Io ho una sorella di quindici anni e un fratello di nove anni.

Luciano: Io ho anche i nonni. Loro abitano in un appartamento vicino al
nostro. Mio zio, invece, abita in una villa in periferia.

Lucille: I miei nonni abitano a New York e mia zia abita a San Francisco.

Luciano: Vedi spesso i tuoi nonni e tua zia?

Lucille: Vedo i miei nonni molto spesso, ma non mia zia, perchè abita troppo lontano.

Luciano: Guarda! Siamo già a Roma!

Lucille: Oh, che bello!

**Before answering the questions below read and/or listen to the entire dialogue
at least one more time.**

Rispondete:

1. Dove abita Lucille? . . . .
   Con chi abita? . . . .
   Dove si trova la casa dei genitori di Lucille? . . . .
   Che cosa c'è vicino alla casa dei suoi genitori? . . . .

2. Luciano abita in una casa o in un appartamento? . . . .
   Dove si trova? . . . .

3. Luciano abita da solo o con la sua famiglia? . . . .
   Ha fratelli o sorelle? . . . .
   E i nonni di Luciano dove abitano? . . . .
   E suo zio? . . . .

4. Lucille ha fratelli o sorelle? . . . .
   Dove abitano i nonni di Lucille? . . . .
   E sua zia? . . . .
   Lucille vede spesso i nonni? . . . .
   E la zia? . . . .

5. È contenta Lucille quando l'aereo arriva a Roma? . . . .

PRIMA LETTURA - **Un bambino in famiglia**

Ascoltate attentamente:

In cucina

Bambino: Mamma, ho fame. Ho voglia di un panino.
Mamma: Ecco un panino con il prosciutto.
Bambino: Papà, ho sete, ho voglia di un succo di frutta.
Papà: Ecco un bicchiere di succo di frutta.
Bambino: Nonna, ho ancora fame. Ho voglia di un altro panino.
Nonna: Ecco un altro panino con il prosciutto.

Bambino: Nonno, ho ancora sete. Ho voglia di un altro succo.
Nonno: Ecco un altro bicchiere di succo di frutta.

Rispondete:

1. Quanti panini con il prosciutto mangia il bambino in cucina? . . . .
   Chi prepara i panini? . . . .
2. Quanti succhi di frutta beve il bambino? . . . .
   Chi prepara i bicchieri? . . . .

SECONDA LETTURA - **Città e campagna**

Ascoltate attentamente:

Nell'aula di una scuola elementare di Milano gli alunni stanno parlando delle loro case con la maestra.
Gianni e Carlo abitano in campagna.
Aldo, Paola e Luisa, invece, abitano in appartamenti nel centro della città.
Quasi tutti gli alunni hanno una loro stanza preferita: il salotto per Gianni e Paola; la camera da letto per Luisa, la sala da pranzo per Aldo.
La maestra, invece, preferisce la sua camera da letto, perchè ha il balcone, dove, nei mesi più caldi, lei prende il sole.

Rispondete:

1. In quale città si trova la scuola elementare? . . . .
2. Di che cosa stanno parlando la maestra e gli alunni? . . . .
3. Chi abita in campagna? . . . .
4. Chi abita in città? . . . .
5. Quale stanza preferiscono Gianni e Paola? . . . .
   E Luisa? . . . .
   E Aldo? . . . .
6. Perchè la maestra preferisce la sua camera da letto? . . . .

FILASTROCCA

Ascoltate e ripetete:	**Ora ripetete dopo due righe:**
Io ho un appartamento a Milano: ///	Io ho un appartamento a Milano:
è nuovo e si trova al quinto piano; ///	è nuovo e si trova al quinto piano; ///
ci sono due grandi camere da letto, ///	ci sono due grandi camere da letto,
ma il bagno è uno solo e un po' stretto. ///	ma il bagno è uno solo e un po' stretto. //

Capitolo 5
Per Cominciare: **Ma che bella sorpresa!**

Ascoltate:

Un mese dopo, a Roma. Luciano entra in un bar.

Luciano: Oh, ma tu sei Lucille! Ciao, come stai? Ma che bella sorpresa!
Lucille: Ciao Luciano! È davvero una bellissima sorpresa!
Io sto benissimo, grazie, e tu?
Luciano: Anch'io, grazie. Prendi un caffè?
Lucille: Prendo un cappuccino e una pasta, grazie.
Luciano: Cameriere, un cappuccino e una pasta per la signorina, per favore. Ma... Lucille, dove abiti?
Lucille: Abito qui vicino, ma esco poco! Peccato, perchè il tempo è magnifico qui a Roma, ma devo sempre studiare l'italiano.
Luciano: Ma parli benissimo ora! Posso avere il tuo numero di telefono?
Lucille: Certamente; eccolo: 06 - 75-92-34.
Luciano: Grazie. Ci vediamo uno di questi giorni?
Lucille: Sì, con molto piacere.
Luciano: Questa sera devo andare a cena con alcuni amici, ma domani sono libero. Ci vediamo domani sera?
Lucille: Sì, sì, domani sera va benissimo.

Before answering the questions below read and/or listen to the entire dialogue at least one more time.

Rispondete:

1. Chi incontra Luciano al bar? . . . .
2. Che cosa dice Luciano? . . . .
   Che cosa dice Lucille? . . . .
3. Che cosa prende Lucille al bar? . . . .
   Dove abita Lucille? . . . .
   Che cosa studia? . . . .
   Parla bene l'italiano? . . . .
4. Che cosa chiede Luciano a Lucille? . . . .
   E Lucille che cosa risponde? . . . .
5. Dove deve andare Luciano questa sera? . . . .
   Quando vuole vedere Lucille? . . . .
   Per Lucille va bene domani sera? . . . .

PRIMA LETTURA - **Sogno o realtà?**

Ascoltate attentamente:

A casa di Luigi c'è una festa. Carla parla con Luigi. Ascoltiamo:

Carla: Posso sapere chi è quel bell'uomo?
Luigi: Quell'uomo è mio zio Claudio.
Carla: È bellissimo!

Luigi: Sì, mio zio è molto bello; ha anche un buon lavoro ed un buono stipendio.
Carla: E chi è quella bella signora?
Luigi: Quella signora è mia zia Paola.
Carla: Che bella bocca e che begli occhi ha!
Luigi: Hai ragione. La zia Paola è molto bella, molto gentile e molto buona. Anche lei ha un buon lavoro.
Carla: Che begli zii hai, Luigi... E chi è quel bel bambino?
Luigi: Quel bel bambino è mio cugino Marco, il figlio dei miei zii.
Carla: Com'è carino!
Luigi: È vero. Marco è un bel bambino ed è anche un buon bambino.
Carla: Che bella famiglia! Una famiglia perfetta!

Rispondete:

1. Chi è Claudio? . . . .
   Chi è Paola? . . . .
2. Come si chiama il figlio di Claudio e Paola? . . . .
   Chi è il cugino di Marco? . . . .
2. Com'è Paola? . . . .
   E Claudio? . . . .
   E Marco? . . . .

SECONDA LETTURA - *Ma che bella sorpresa!*

Ascoltate attentamente:

È una bellissima giornata estiva a Roma. La famiglia Rossi è in campagna per celebrare il compleanno del signor Rossi.

Tutti insieme preparano la tavola per il pranzo, con la tovaglia, i tovaglioli, i piatti, i bicchieri e le posate. Il cibo è già pronto: c'è la pasta, c'è la carne e ci sono tante verdure cotte e crude.

Il signor Rossi riceve i seguenti regali: una bella camicia azzurra dalla moglie, dodici fazzoletti bianchi e blu dalla figlia, una scatola di cioccolatini Perugina dal figlio e un bellissimo quadro dal suo collega Angelo. Nel biglietto di auguri Angelo congratula l'amico per la sua promozione al lavoro. È una bellissima sorpresa! Il signor Rossi è molto felice e propone subito di fare un brindisi.

Rispondete:

1. In quale città siamo? . . . .
   Che tempo fa? . . . .
   Dov'è la famiglia Rossi? . . . .
   Che cosa vuole celebrare? . . . .
2. Che cosa c'è sulla tavola? . . . .
   Che cosa c'è da mangiare? . . . .
2. Che regali riceve il signor Rossi dalla moglie e dai figli? . . . .
   . . . .
   E dall'amico Angelo? . . . .
4. Che cosa c'è scritto nel biglietto di auguri che Angelo dà all'amico? . . . .
   . . . .
   Che cosa propone di fare il signor Rossi alla fine del pranzo? . . . .
   . . . .

FILASTROCCA

Ascoltate e ripetete:

Quando tu vai in montagna ///
preferisci mangiare le verdure fresche. ///
Quando lei viene in campagna ///
preferisce mangiare prosciutto e pesche. ///

Ora ripetete dopo due righe:

Quando tu vai in montagna
preferisci mangiare le verdure fresche. ///
Quando lei viene in campagna
preferisce mangiare prosciutto e pesche. ///

Ora scrivete la filastrocca sostituendo "tu" con "noi" e "lei" con "loro".
Cominciate così:

Quando noi andiamo in montagna

. . . .
. . . .
. . . .
. . . .

Capitolo 6 - Per Cominciare: **La laurea**

Ascoltate:

Da un mese Luciano e Lucille escono regolarmente insieme. Oggi sono seduti a tavola, nell'appartamento di Lucille.

Luciano: Ieri Carlo ha preso la laurea in matematica.
Questa sera c'è una festa in casa sua. Puoi venire?
Lucille: Certo, a che ora?
Luciano: Alle sette. C'è una cena e poi Carlo può aprire i suoi regali.
Lucille: Benissimo. Che cosa possiamo regalare a Carlo?
Luciano: Ho già comprato un bel libro di geografia. Guarda!
Lucille: Oh, è davvero molto bello!
Luciano: Allora posso venire a casa tua verso le sei e mezzo?
Lucille: Alle sei e mezzo va bene! E io che regalo posso comprare?
Luciano: Tu puoi regalare il libro insieme a me: è molto caro!
Lucille: D'accordo. Quanto costa?
Luciano: Oh, non ti preoccupare! Adesso devo andare all'università, ma fra poche ore torno.
Va bene?
Lucille: Benissimo. Ci vediamo dopo. Ciao.

Before answering the questions below read and/or listen to the entire dialogue at least one more time.

Rispondete:

1. Chi ha preso la laurea in matematica? . . . .
   Chi è Carlo? . . . .
2. Che cosa c'è questa sera a casa di Carlo? . . . .
   A che ora comincia la festa? . . . .
   Lucille vuole andare a questa festa? . . . .
3. A che ora Luciano va a prendere Lucille? . . . .
   Dove deve andare Luciano ora? . . . .
4. Che cosa ha comprato Luciano? . . . .
   E Lucille che cosa può regalare a Carlo? . . . .
   È caro il libro? . . . .
   Luciano dice quanto costa il libro? . . . .
   Che cosa dice invece? . . . .

PRIMA LETTURA - **A mezzanotte in punto**

Ascoltate attentamente:

Le sorellastre di Cenerentola sono andate al ballo nel castello del principe. Cenerentola, purtroppo, è dovuta rimanere a casa, con la sola compagnia degli animali.
Per fortuna, però, è arrivata la fata e ha dato a Cenerentola un magnifico vestito e delle bellissime scarpette di vetro per andare al ballo.
Poi ha detto: "Prima di mezzanotte devi uscire dal palazzo, perchè a mezzanotte in punto l'incantesimo finisce e tu torni esattamente come prima".
Cenerentola ha ringraziato moltissimo la fata ed è andata al ballo.

Rispondete:

1. Perchè Cenerentola non è andata al ballo insieme alle sorellastre? . . . .
. . . .
2. Con chi è rimasta a casa Cenerentola? . . . .
. . . .
3. Che cosa ha dato la fata a Cenerentola?
Che cosa ha detto la fata a Cenerentola? . . . .
4. E poi che cosa è successo? . . . .

SECONDA LETTURA - **La laurea**

Ascoltate attentamente:

Marcello è un ragazzo di Napoli. Da poco ha conseguito la laurea in matematica.
Per festeggiare l'evento i suoi genitori hanno organizzato una cena. Hanno invitato i nonni, gli
zii e vari amici. Dopo il pasto Marcello ha aperto i suoi regali e ha letto i biglietti di auguri. Ha
ricevuto un libro di geografia da un amico, un orologio d'oro dagli zii, un assegno dai nonni e
un CD dal fratello e dalla sorella. Infine i genitori hanno regalato a Marcello una magnifica
Ferrari rossa. Marcello è stato felicissimo, specialmente per l'ultimo regalo. Ha dunque ringraziato tutti e poi ha voluto subito fare un giro sulla sua macchina nuova. I genitori hanno aspettato con ansia il suo ritorno.

Rispondete:

1. Di dove è Marcello? . . . .
Che laurea ha conseguito da poco? . . . .
2. Che cosa hanno organizzato i suoi genitori per festeggiare questo evento? . . . .
. . . .
Chi hanno invitato? . . . .
3. Quali regali ha ricevuto Marcello? . . . .
4. Che cosa ha fatto Marcello alla fine della serata? . . . .
E i genitori che cosa hanno fatto? . . . .

FILASTROCCA

Ascoltate e ripetete:

L'uomo mette la pala in giardino ///
e la signora dà la palla al bambino. ///
"Buona notte" dice la ragazza innamorata, ///
e poi ascolta le note della serenata. ///

Ora ripetete dopo due righe:

L'uomo mette la pala in giardino
e la signora dà la palla al bambino. ///
"Buona notte" dice la ragazza innamorata,
e poi ascolta le note della serenata. ///

**E ora scrivete la filastrocca mettendo tutti i verbi al passato prossimo.
Cominciate così:**

L'uomo ha messo la pala in giardino

. . . .
. . . .
. . . .

Capitolo 7
Per Cominciare: **Non so che cosa mettermi!**

Ascoltate:

Luciano sta telefonando a Lucille.

Luciano: Pronto, Lucille, ma che fai?

Lucille: Oh, ciao Luciano; lo so, lo so! è tardi!

Luciano: Non è tardi: è tardissimo! Ma che cosa stai facendo?
Sto aspettando da un'ora!

Lucille: Lo so, lo so; mi dispiace molto, ma sai, oggi non so proprio che cosa mettermi!

Luciano: Come non sai che cosa metterti? E il vestito rosso non va bene? È bellissimo!...

Lucille: Oh, è vero! Il vestito rosso! Hai ragione: quello è proprio bello ed è anche di moda!

Luciano: Ma sai che ore sono? La festa è già cominciata da un'ora e tu non sei ancora
uscita di casa!

Lucille: Scusa, scusa Luciano; mi vesto in un minuto e arrivo subito!

Luciano: D'accordo: ma un minuto, non un'ora!

**Before answering the questions below read and/or listen to the entire dialogue
at least one more time.**

Rispondete:

1. A chi telefona Luciano? . . . .
   È calmo o nervoso? . . . .
   Perchè? . . . .
2. Perchè Lucille non è ancora uscita di casa? . . . .
3. Che cosa dice Luciano a Lucille? . . . .
   E Lucille che cosa risponde? . . . .
4. La festa è cominciata o no? . . . .
   Quanto tempo ha aspettato Luciano? . . . .

PRIMA LETTURA - **La nonna cattiva**

Ascoltate attentamente:

Mi chiamo Cappuccetto Rosso. Di solito mi sveglio verso le sette. Mi lavo, mi pettino, mi vesto,
faccio colazione e poi vado a scuola.
Due giorni fa, però, non sono andata a scuola. La mamma ha detto: "Cappuccetto, questa mattina devi andare a trovare la nonna, perchè è ammalata. Devi portare alla nonna questa torta".
"Va bene, ci vado subito" ho risposto. Ho preso la torta e sono uscita di casa.

Rispondete:

1. A che ora si sveglia, di solito, Cappuccetto Rosso? . . . .
   E poi che cosa fa? . . . .
2. Che cosa ha fatto, invece, due giorni fa? . . . .

SECONDA LETTURA - **Non so che cosa mettermi!**

Ascoltate attentamente:

È sabato sera a Venezia. In casa Visentin tutti si stanno preparando per uscire: la mamma, il papà, la figlia Caterina e il figlio Carlo. Tutti sono un po' agitati perchè non sanno decidere che cosa indossare per la serata.

Caterina vuole mettersi una gonna nera, ma questa gonna è in lavanderia.

Carlo non sa quali pantaloni mettersi e il papà non sa quale giacca indossare. Tutti chiedono consiglio alla signora Visentin. Con molta pazienza lei convince Caterina a mettersi una gonna blu; convince Carlo a mettersi un paio di jeans e il marito a indossare una giacca di pelle.

Infine la signora va in camera; apre l'armadio per scegliere i vestiti che vuole indossare lei per la serata. Anche lei, pero', come il marito e i figli, non sa che cosa mettersi.

Rispondete:

1. In quale città siamo? . . . .
   Che giorno è? . . . .
2. Che cosa vuole mettersi Caterina? . . . .
   E invece che cosa si mette? . . . .
3. Che pantaloni si mette Carlo? . . . .
4. Che giacca si mette il marito? . . . .
5. La signora Visentin ha deciso che cosa vuole indossare? . . . .

FILASTROCCA

Ascoltate e ripetete:

I signori Graniglia si preparano molto in fretta; ///
devono ricevere ospiti nella loro casetta. ///
Lui si mette la camicia azzurra e i pantaloni blu di cotone; ///
lei si mette la gonna bianca di lana e un bellissimo maglione. ///

Ora ripetete dopo due righe:

I signori Graniglia si preparano molto in fretta;
devono ricevere ospiti nella loro casetta. ///
Lui si mette la camicia azzurra e i pantaloni blu di cotone;
lei si mette la gonna bianca di lana e un bellissimo maglione. ///

E ora scrivete la filastrocca mettendo tutti i verbi al passato prossimo. Cominciate così:

I signori Graniglia si sono preparati molto in fretta;

. . . .
. . . .
. . . .

Capitolo 8
Per Cominciare: **Una cena a Modena**

Ascoltate:

Luciano e Lucille fanno una gita a Modena e ora sono in un famoso ristorante della città.

Luciano: Allora, che cosa vuoi mangiare?
Lucille: Decidi tu; tu sei l'esperto di cucina!
Luciano: Beh, vuoi la pasta?
Lucille: Sì, sì; lo sai che la pasta mi piace moltissimo!
Luciano: Allora: fra le specialità di Modena ci sono i tortellini, i tortelloni, le lasagne...
Lucille: Le lasagne? Perfetto! Le prendo, senz'altro! E tu che cosa prendi?
Luciano: Io prendo i tortellini in brodo: sono squisiti!... E poi che cosa mangiamo?
Lucille: Dopo le lasagne io voglio solo un'insalata verde;
 ma poi, forse, prendo anche un dolce; e tu?
Luciano: Io voglio ordinare dell' arrosto di maiale con patatine e fagiolini; e poi, se ho ancora fame, prendo anche il dolce.

Before answering the questions below read and/or listen to the entire dialogue at least one more time.

Rispondete:

1. Dove sono Luciano e Lucille? . . . .
2. Quali sono alcune specialità di Modena? . . . .
3. Che cosa vuole mangiare Lucille dopo la pasta?
 E Luciano che cosa vuole mangiare? . . . .
4. Lucille vuole di sicuro mangiare il dolce o no? . . . .
 E Luciano? . . . .

PRIMA LETTURA - **Il regalo**

Ascoltate attentamente:

Cristina è una bambina molto viziata. Ogni giorno la mamma le chiede che cosa vuole mangiare, ma lei dice sempre che non le piace niente.
Che cosa succede oggi? Ascoltiamo:

Mamma: Cristina, ti preparo gli spaghetti, li vuoi?
Cristina: No, non li voglio; lo sai che non mi piacciono gli spaghetti!
Mamma: Allora ti preparo la pastina in brodo, va bene?
Cristina: No, non ho voglia di pastina; non mi piace!
Mamma: E le scaloppine con i piselli? Ti piacciono?
Cristina: No, non mi piacciono.

Rispondete:

1. Chi è Cristina? . . . .
 È una bambina ubbidiente o no? . . . .
 Perchè? . . . .
2. Quanti primi piatti elenca la mamma? . . . .
 Quanti e quali secondi piatti? . . . .

SECONDA LETTURA - **Una cena a Modena**

Ascoltate attentamente:

Il signor Boyd è un turista inglese. È arrivato a Modena e ha visitato il centro della città. Poi è andato a cena in un famoso ristorante. Ha ordinato un pranzo tipico modenese, seguendo i consigli del cameriere.

Come antipasto ha preso prosciutto e melone; come primo piatto i tortellini in brodo; come secondo la faraona arrosto con contorno di verdure alla griglia e patatine. Infine, come dolce, ha mangiato la zuppa inglese. Come vino, naturalmente, ha bevuto il Lambrusco.

Alla fine, soddisfatto della buonissima e abbondante cena, ha ordinato un caffè doppio, per non addormentarsi in macchina.

Rispondete:

1. Chi è il signor Boyd? . . . .
   In quale città è arrivato? . . . .
2. Che cosa ha ordinato al ristorante come antipasto? . . . .
   E come primo piatto? . . . .
   E per secondo ? . . . .
   E come dolce? . . . .
   Che vino ha bevuto? . . . .
3. È stato soddisfatto della cena il signor Boyd? . . . .
4. Che cosa ha ordinato alla fine della cena per non addormentarsi in macchina? . . . .
   . . . .

FILASTROCCA

Ascoltate e ripetete:

Gli piace molto la cotoletta: ///
la mangia con la forchetta, ///
la taglia con il coltello, ///
la offre anche a suo fratello. ///

Ora ripetete dopo due righe:

Gli piace molto la cotoletta:
la mangia con la forchetta, ///
la taglia con il coltello,
la offre anche a suo fratello. ///

E ora scrivete la filastrocca mettendo tutti i verbi al passato prossimo. Cominciate così:

Gli è piaciuta molto la cotoletta:

. . . .
. . . .
. . . .

Capitolo 9 - Per Cominciare: **La casa nuova**

Ascoltate:

Luciano e Lucille sono a casa di due loro amici, Claudio e Loretta, che si sono appena sposati.

Luciano: Complimenti! Avete un appartamento stupendo!

Lucille: Davvero! È magnifico!

Luciano: Mi piace moltissimo lo studio; c'è una scrivania bellissima e avete tantissimi scaffali per i libri; io ho davvero bisogno di alcuni scaffali in casa mia! Non so dove mettere tutti i miei libri!

Claudio: Eh sì, volevo molti scaffali proprio per questo. Nella mia vecchia casa avevo casse di libri in ogni stanza!

Lucille: E il balcone è meraviglioso! Con tanti fiori e tante piante e il tavolo e le sedie per mangiare fuori!

Loretta: Lucille, hai visto il sofà di pelle? È proprio quello che desideravo da tanto tempo; ti ricordi?

Lucille: Oh, sì, è vero; l'hai finalmente comprato! Brava!

Claudio: E voi quando vi fidanzate?

Luciano: Presto, presto! Ma prima io devo conoscere la famiglia di Lucille e lei deve conoscere la mia. E poi devo convincere Lucille a rimanere in Italia per sempre.

Lucille: Ma io sono già convinta!

Luciano: Davvero?

Lucille: Certo! Non lo sai?

Loretta: E quando vi sposate dovete comprare un appartamento vicino al nostro!

Before answering the questions below read and/or listen to the entire dialogue at least one more time.

Rispondete:

1. Dove sono Luciano e Lucille? . . . .
   Chi sono Claudio e Loretta? . . . .
2. Che cosa ammira Luciano nella casa nuova? . . . .
   E Lucille? . . . .
   Com'è il sofà? . . . .
3. Che cosa chiede Claudio a Luciano e a Lucille? . . . .
4. Luciano che cosa risponde? . . . .
   Lucille è convinta di volere rimanere in Italia per sempre? . . . .
   Luciano lo sa? . . . .
5. E poi che cosa dice Loretta? . . . .

PRIMA LETTURA - **Come ho imparato a leggere**

Ascoltate attentamente:

Ero una bimba grassa, grossa e robusta...

Avevo otto anni. Non sapevo scrivere, non sapevo leggere... Non volevo fare niente.

E dicevo apertamente che non volevo.

"Perchè non vuoi?" mi chiedeva la mamma.

"Perchè lo studio è inutile".

"Chi l'ha detto?"

"Lo dico io" rispondevo, ostinata.

Rispondete:

1. Com'era fisicamente la bambina? . . . .
   Quanti anni aveva? . . . .
2. Sapeva leggere e scrivere? . . . .
   Le piaceva leggere e scrivere? . . . .
   Perchè? . . . .
   Sua madre era preoccupata? . . . .
   Che cosa le chiedeva? . . . .

SECONDA LETTURA - La casa nuova

Ascoltate attentamente:

Era inverno e faceva un po' freddo ad Ancona. Elisabetta e Giovanni erano seduti a un tavolo di una pizzeria e stavano parlando della loro casa nuova. Si erano sposati da poco e dovevano ancora finire di arredarla.
Una ragazza, seduta a un tavolo vicino, li stava ascoltando.
Elisabetta e Giovanni discutevano animatamente. Lei voleva assolutamente comprare la lavapiatti, le tende, un tappeto persiano e un armadio antico. Lui, invece, desiderava comprare il video-registratore e il computer. Purtroppo non avevano abbastanza soldi per comprare tutto, perciò, alla fine Elisabetta decide di rinunciare al tappeto persiano e all'armadio antico e di comprare invece un tappetino a buon mercato e un armadio moderno. E Giovanni rinuncia al computer. La ragazza seduta vicino al loro tavolo aveva ascoltato con interesse la loro conversazione. Ora, però, guardava la strada dalla finestra; era preoccupata, perchè il suo ragazzo non era ancora arrivato.

Rispondete:

1. In quale città eravamo? . . . .
2. Dove erano Elisabetta e Giovanni? . . . .
   Di che cosa parlavano? . . . .
3. Chi li stava ascoltando? . . . .
4. Che cosa voleva comprare Elisabetta? . . . .
   E Giovanni? . . . .
5. Che cosa ha deciso di non comprare Elisabetta? . . . .
   E Giovanni? . . . .
6. Che cosa faceva la ragazza seduta al tavolo vicino? . . . .
   Perchè era preoccupata? . . . .

FILASTROCCA

Ascoltate e ripetete:

Gertrude Giovanelli arriva a casa alle otto; ///
si toglie i guanti, la sciarpa e il cappotto. ///
Poi si siede sul sofà, nel grande salotto elegante ///
e guarda alla televisione un documentario interessante. ///

Ora ripetete dopo due righe:

Gertrude Giovanelli arriva a casa alle otto;
si toglie i guanti, la sciarpa e il cappotto. ///
Poi si siede sul sofà, nel grande salotto elegante
e guarda alla televisione un documentario interessante. ///

E ora scrivete la filastrocca mettendo tutti i verbi all'imperfetto. Cominciate così:

Gertrude Giovanelli arrivava a casa alle otto;

. . . .
. . . .
. . . .
. . . .

Capitolo 10 - Per Cominciare: **La casa nuova**

Ascoltate:

Luciano e Lucille stanno chiacchierando in un bar.

Luciano: Allora... andiamo a Firenze domani?

Lucille: Sì, sono già pronta!

Luciano: Partiremo domani mattina verso le sei, così non arriveremo troppo tardi.

Lucille: Andremo subito a vedere la galleria degli Uffizi: non vedo l'ora di vedere i quadri di Botticelli! Quante volte li ho studiati all'università!

Luciano: Sono veramente straordinari; io li ho già visti due volte, ma non mi stanco mai di rivederli; e poi sarà bello guardarli insieme a te; con i tuoi studi in storia dell'arte, potrai insegnarmi molte cose!

Lucille: Potremo vedere anche il Palazzo Pitti?

Luciano: Certo, però dovremo rimanere a Firenze almeno una notte, se vogliamo vedere tutto con calma.

Lucille: Per me va benissimo.

Luciano: D'accordo allora. Vengo a prenderti domani mattina alle sei in punto!

Before answering the questions below read and/or listen to the entire dialogue at least one more time.

Rispondete:

1. Dove vogliono andare Luciano e Lucille? . . . .
   Quando? . . . .
2. Sono eccitati? . . . .
   Quanto tempo vogliono rimanere a Firenze? . . . .
3. Che cosa vogliono vedere a Firenze? . . . .
4. Che cosa ha studiato Lucille all'università? . . . .
5. A che ora vogliono partire? . . . .

PRIMA LETTURA - **La promessa**

Ascoltate attentamente:

Pinocchio: Fatina, io voglio crescere un po'. Non vedi come sono piccolo?

Fata: Ma tu non puoi crescere.

Pinocchio: Perchè?

Fata: Perchè i burattini non crescono mai. Nascono burattini, vivono burattini e muoiono burattini.

Pinocchio: Oh! Sono stanco di essere sempre un burattino! Voglio diventare un bambino vero...

Fata: E lo diventerai, se saprai meritarlo...

Pinocchio: Davvero? E che cosa posso fare per meritarlo?

Fata: Una cosa facilissima: devi diventare un ragazzino perbene. I ragazzi perbene sono ubbidienti, studiano, lavorano, dicono sempre la verità e tu invece...

Pinocchio: E io invece non ubbidisco mai, non studio, non lavoro e dico sempre le bugie. Ma da oggi in poi voglio cambiare vita.

Rispondete:

1. Perchè Pinocchio dice che vuole crescere? . . . .
   E la fata che cosa gli risponde? . . . .
2. Può diventare un bambino vero Pinocchio? . . . .

Che cosa deve fare per meritarlo? . . . .
3. Come sono i ragazzi perbene? . . . .
4. E Pinocchio, invece, com'è? . . . .
5. Vuole cambiare Pinocchio? . . . .

SECONDA LETTURA - **Un viaggio a Firenze**

Ascoltate attentamente:

Da tanto tempo i signori Smith volevano fare un viaggio a Firenze. Ora finalmente si trovano davanti ad un bellissimo albergo, sulle colline della città.
Il signor Smith entra e chiede una camera matrimoniale con doccia, aria condizionata e televisione per una settimana.
L'albergatore dà il benvenuto al signor Smith e Giuseppe, il fattorino, lo aiuta a portare le valige in albergo. Giuseppe è molto lieto di conoscere i signori Smith e si congratula con loro per il loro eccellente italiano. Poi li accompagna alla loro camera che si trova al quinto piano.
In camera i signori Smith ammirano, dalla finestra, la magnifica veduta di Firenze. Ora, però, sono stanchi, perciò decidono di riposarsi un po'. Più tardi chiederanno informazioni a Giuseppe sui vari ristoranti della città per andare fuori a cena.

Rispondete:

1. Chi sono i signori Smith? . . . .
2. Dove sono ? . . . .
3. Che tipo di camera vuole il signor Smith? . . . .
4. Chi è Giuseppe? . . . .
Perchè Giuseppe si congratula con i signori Smith?

. . . .
5. A che piano si trova la camera dei signori Smith? . . . .
6. Che cosa ammirano i signori Smith dalla finestra? . . . .

7. Che cosa vogliono fare subito e poi più tardi? . . . .

. . . .

FILASTROCCA

Ascoltate e ripetete:

Ogni anno parto dall'aeroporto ///
con qualche valigia e il passaporto. ///
Arrivo in Italia, a Roma o a Milano; ///
noleggio una macchina e guido piano piano. ///

Ora ripetete dopo due righe:

Ogni anno parto dall'aeroporto
con qualche valigia e il passaporto. ///
Arrivo in Italia, a Roma o a Milano;
noleggio una macchina e guido piano piano. ///

E ora scrivete la filastrocca mettendo tutti i verbi al futuro. Cominciate così:

Ogni anno partirò dall'aeroporto

. . . .
. . . .
. . . .

Capitolo 11
Per Cominciare: **Un buon lavoro**

Ascoltate:

Luciano e Lucille stanno bevendo una bibita in un caffè vicino all'università di Roma "La Sapienza".

Lucille: Mi piacerebbe tanto visitare la Liguria: Genova, le Cinque terre, Portofino. Ci andiamo durante il fine-settimana?

Luciano: Questo fine-settimana? È impossibile. Lunedì prossimo devo dare un esame molto difficile. E poi devo finire di scrivere la tesi. Alla fine della settimana sarò molto nervoso e stanchissimo.

Lucille: E quando avrai la laurea potrai trovare un buon lavoro?

Luciano: Spero proprio di sì. Io vorrei insegnare letteratura italiana all'università: è sempre stato il mio sogno; oppure potrei insegnare lettere in un liceo.

Lucille: È facile trovare un posto come professore?

Luciano: Beh, no, non è facile. Ma se proprio non potrò insegnare entrerò nella ditta di mio padre. Lui sarebbe felicissimo!

Lucille: E io che lavoro potrei fare in Italia? Sai bene che non ho ancora finito l'università.

Luciano: Beh... forse potresti insegnare l'inglese.

Lucille: Davvero? Mi piacerebbe moltissimo! Ma è possibile?

Luciano: Penso di sì ma... dovremo informarci. Comunque per la Liguria potremmo andarci il prossimo fine-settimana!

Lucille: Fra una settimana? Benissimo. E quando torneremo cercherò un lavoro come insegnante.

Before answering the questions below read and/or listen to the entire dialogue at least one more time.

Rispondete:

1. Dove vuole andare Lucille? . . . .
   Che cosa risponde Luciano? . . . .
2. Che lavoro vorrebbe fare Luciano? . . . .
   È facile trovare un posto come professore? . . . .
   Che cos'altro potrebbe fare Luciano? . . . .
3. Lucille ha finito l'università? . . . .
   Che lavoro potrebbe fare Lucille secondo Luciano? . . . .
   A Lucille piacerebbe insegnare l'inglese? . . . .
4. Quando andranno in Liguria i ragazzi? . . . .
   E quando torneranno Lucille che cosa farà? . . . .

PRIMA LETTURA - **L'impiegato**

Ascoltate attentamente:

Mi piacerebbe essere un famoso cantante:
il canto per me è molto importante.

Vorrei essere un celebre dottore:
potrei scoprire una cura per il tumore.

Mi piacerebbe anche essere un giovane poeta:
viaggerei per il mondo senza meta.

Farei volentieri pure l'attore:
so che reciterei con molto amore.

Vorrei essere il presidente di una grande nazione:
cercherei di eliminare la disoccupazione.

Sarei molto bravo come giornalista;
sarei quasi perfetto come artista.

Invece sono vecchio e ammalato:
non posso più fare nemmeno l'impiegato.

Rispondete:

1. Perchè il protagonista vorrebbe essere un cantante? . . . .

. . . .

Perchè vorrebbe essere un dottore? . . . .

. . . .

Perchè gli piacerebbe essere un poeta? . . . .

. . . .

Perchè farebbe volentieri l'attore? . . . .

. . . .

Perchè vorrebbe essere il presidente di una grande nazione? . . . .

. . . .

2. Che cosa saprebbe fare bene il protagonista? . . . .

3. Perchè non può fare niente il protagonista? . . . .

. . . .

4. Che cosa faceva il protagonista prima di ammalarsi? . . . .

. . . .

SECONDA LETTURA - **Un buon lavoro**

Ascoltate attentamente:

Siamo a Genova. Carla e Loretta, due giovani ragazze, stanno conversando al telefono.
Loretta propone di fare un viaggio negli Stati Uniti. Carla è entusiasta, perchè ha sempre desi-
derato vedere l'America e parlare in inglese; teme, però, che il suo datore di lavoro non le per-
metterà di partire prima di agosto.
Loretta insiste dicendole che sarebbe una buona occasione per migliorare il suo inglese e ciò le
servirebbe anche per il suo lavoro. Carla decide di parlare con il suo datore di lavoro. Più
tardi, felicissima, telefona a Loretta e le dice che ha ottenuto il permesso di partire.

Rispondete:

1. Chi sono Carla e Loretta? . . . .
2. Dove abitano? . . . .
3. Che cosa propone Loretta? . . . .
4. Qual è la reazione di Carla? . . . .
5. Che cosa risponde Loretta? . . . .
6. E poi che cosa succede? . . . .

FILASTROCCA

Ascoltate e ripetete:

La zia ha comprato un biglietto andata e ritorno; ///
è salita sul treno ed è andata a Livorno. ///
Ha preso un tassì in città, ///
poi è andata all'università. ///

Ora ripetete dopo due righe:

La zia ha comprato un biglietto andata e ritorno;
è salita sul treno ed è andata a Livorno. ///
Ha preso un tassì in città,
poi è andata all'università. ///

E ora scrivete la filastrocca mettendo tutti i verbi al condizionale.
Cominciate così:

La zia avrebbe comprato un biglietto andata e ritorno;

. . . .

. . . .

. . . .

Capitolo 12
Per Cominciare: **Vai al mercato?**

Ascoltate:

Luciano e Lucille si incontrano per strada.

Luciano: Ciao Lucille, vai al mercato?

Lucille: Sì, ti ricordi che questa sera ci sarà una cena speciale?

Luciano: Lo so, lo so. Volevo parlarne, infatti. Quando arrivano i tuoi genitori?

Lucille: Verso le sette; ma i tuoi genitori vengono alle otto. Sono così nervosa!

Luciano: Non dirlo a me!

Lucille: Però credo che sarà molto bello; e poi finalmente i miei genitori potranno conoscere i tuoi e soprattutto conosceranno te.

Luciano: È vero; sono sicuro che sarà una cena bellissima e... buonissima! Ma... senti, io vorrei aiutarti a preparare la cena.

Lucille: Certo, certo: tu potresti preparare il sugo per la pasta, quello con la salsiccia, ti ricordi? Lo fai benissimo!

Luciano: Ah, sì, perfetto. Allora vengo al mercato con te.

Before answering the questions below read and/or listen to the entire dialogue at least one more time.

Rispondete:

1. Dove si incontrano Luciano e Lucille? . . . .
2. Dove sta andando Lucille? . . . .
   Perchè? . . . .
3. È nervosa Lucille? . . . .
   E Luciano? . . . .
   Perchè? . . . .
4. Chi preparerà la cena? . . . .
   Chi preparerà il sugo per la pasta? . . . .
   Che tipo di sugo è? . . . .
5. Alla fine del dialogo chi va al mercato? . . . .

PRIMA LETTURA - **Un affare**

Ascoltate attentamente:

Enzo è appena tornato dal lavoro. Sua moglie Marta lo saluta affettuosamente. Lui è molto eccitato.

Enzo: Sai che cosa ho saputo oggi in ufficio? Ho saputo che sulla costa adriatica si vendono delle case a prezzi bassissimi, dei veri affari. Potremmo comprarne una. Che cosa ne pensi?

Marta: Una casa al mare? Sarebbe fantastico. Ma dove si trovano esattamente queste case?

Enzo: A dire la verità non lo so. Devo parlarne con Marco. Lui sa sempre tutto di queste cose.

Marta: Marco viene a cena da noi questa sera! Ne parleremo subito con lui.

Rispondete:

1. Chi sono Enzo e Marta? . . . .
2. Perchè Enzo è eccitato? . . . .
   E Marta che cosa ne pensa della notizia che Enzo le dà? . . . .
3. Chi è Marco? . . . .
4. Dove va a cena Marco questa sera? . . . .
5. Di che cosa si parlerà durante la cena? . . . .

SECONDA LETTURA - Vai al mercato?

Ascoltate attentamente:

Elisabetta è una giovane signora che abita a Pescara. Oggi vuole andare al mercato ma, prima di uscire, riceve tre telefonate: una dalla mamma, un'altra dalla sorella e un'ultima dalla sua amica Gianna.
Tutte le chiedono di comprare qualcosa per loro. La mamma ha bisogno di cipolle, la sorella di fazzoletti e l'amica Gianna di prosciutto.
Elisabetta promette di comprare tutto. Verso le undici e mezzo torna a casa e controlla la merce che ha comprato. Ci sono le cipolle, i fazzoletti e il prosciutto, ma ha dimenticato di comprare una borsa, un vaso e una camicetta, le cose che lei voleva comprare per sè.

Rispondete:

1. Chi è Elisabetta? . . . .
2. Dove abita? . . . .
3. Dove vuole andare oggi? . . . .
4. Chi le telefona? . . . .
5. Che cosa le chiedono di comprare la mamma, la sorella e l'amica? . . . .
   . . . .
6. E poi che cosa succede? . . . .

FILASTROCCA

Ascoltate e ripetete:

Ecco i fiori: glieli voglio regalare. ///
Ecco le verdure: gliele dobbiamo portare. ///
Qui c'è il vino: ve lo vogliono dare. ///
Qui c'è la pasta: ce la puoi cucinare? ///

Ora ripetete dopo due righe:

Ecco i fiori: glieli voglio regalare.
Ecco le verdure: gliele dobbiamo portare. ///
Qui c'è il vino: ve lo vogliono dare.
Qui c'è la pasta: ce la puoi cucinare? ///

E ora scrivete la filastrocca cambiando l'ordine dei pronomi, cioè mettendo i pronomi dopo l'infinito. Cominciate così:
Ecco i fiori: voglio regalarglieli;

. . . .
. . . .
. . . .

Capitolo 13 - Per Cominciare: **Dal dottore**

Ascoltate:

Luciano e Lucille sono dal dottore.

Dottore: Buon giorno Luciano, non ti senti bene?
Luciano: Sì, dottore; ho cominciato a sentirmi male due giorni fa: mal di gola, la febbre e
un po' di tosse.
Dottore: Vediamo, vediamo.... e la signorina è la tua fidanzata?
Luciano: Beh, è la mia ragazza; si chiama Lucille: è americana.
Dottore: Oh, piacere di conoscerLa signorina!
Lucille: Tanto piacere!
Dottore: Hai proprio scelto una bella ragazza, Luciano!
Dunque... ora apri la bocca.... vediamo... Sì, sì, è proprio l'influenza; ce l'hanno
tutti adesso... Ora ti ordino una medicina per la tosse: fra qualche giorno starai
bene! Ma... stai attento: l'influenza è contagiosa, perciò non dare nessun
bacio alla tua ragazza per alcuni giorni!
Luciano: Certo, certo; non sarà facile, ma lo farò! Grazie dottore e arrivederLa.
Lucille: ArrivederLa.
Dottore: Arrivederci ragazzi e... congratulazioni: siete una bellissima coppia!

**Before answering the questions below read and/or listen to the entire dialogue
at least one more time.**

Rispondete:

1. Perchè Luciano e Lucille sono dal dottore? . . . .
2. Che cosa dice il dottore quando vede Lucille? . . . .
3. Qual è la diagnosi del dottore? . . . .
4. Che cosa ordina il dottore? . . . .
   Perchè Luciano non deve dare nessun bacio alla sua ragazza per alcuni giorni? . . . .
   . . . .
5. Che cosa commenta il dottore quando i ragazzi stanno uscendo? . . . .
. . . .

PRIMA LETTURA - **La mela avvelenata**

Ascoltate attentamente:

C'era una volta, in un regno lontano lontano, una bellissima principessa che si chiamava
Biancaneve. Biancaneve aveva la pelle bianca come la neve e i capelli neri come l'ebano.
Viveva in un grande castello con la sua matrigna, la regina del regno.
La regina era molto invidiosa di Biancaneve, perchè Biancaneve era bellissima.
Un giorno chiama un cacciatore e gli dice: "Prendi Biancaneve, portala nel bosco e uccidila!"
Ma il cacciatore è buono e, invece di uccidere Biancaneve, le consiglia di scappare e di non
tornare mai più al castello.

Rispondete:

1. Chi era Biancaneve? . . . .
   Di che colore era la sua pelle? . . . .
   E i suoi capelli? . . . .

2. Dove viveva Biancaneve? . . . .
   Con chi? . . . .
3. La matrigna amava Biancaneve? . . . .
   Che cosa ordina un giorno la matrigna? . . . .
   Il cacciatore ubbidisce alla matrigna? . . . .

SECONDA LETTURA - **Dal dottore**

Ascoltate attentamente:

Caterina Ledda è una giovane signora che abita a Cagliari. Oggi va dal dottore, perchè non si sente bene. Il dottore la visita e, dopo alcune domande, capisce subito che si tratta di indigestione. Caterina, infatti, ha mangiato e bevuto troppo qualche giorno fa, al matrimonio di suo fratello. Il dottore le ordina una medicina e le dice che sicuramente il giorno dopo starà benissimo. Poi la saluta cordialmente e le chiede di salutare per lui i suoi genitori e suo fratello, che conosce da tempo.

Rispondete:

1. Chi è Caterina Ledda? . . . .
2. Dove abita? . . . .
3. Dove va oggi? . . . .
4. Che cosa le dice il dottore? . . . .
5. E poi che cosa succede? . . . .

FILASTROCCA

Ascoltate e ripetete:

Ho due occhi per guardare ///
e due orecchie per ascoltare; ///
una bocca per mangiare ///
e una lingua per parlare; ///
sono proprio fortunato, non vi pare? ///

Ora ripetete dopo due righe:

Ho due occhi per guardare
e due orecchie per ascoltare; ///
una bocca per mangiare
e una lingua per parlare; ///
sono proprio fortunato, non vi pare? ///

Ora continuate la filastrocca aggiungendo: gambe, braccia, mani, piedi, naso, testa. Per esempio potete cominciare così:
Ho due gambe per camminare

. . . .
. . . .
. . . .
. . . .
. . . .

Capitolo 14
Per Cominciare: **Luoghi a confronto**

Ascoltate:

Luciano e Lucille stanno facendo una passeggiata in centro a Roma.

Lucille: Sai, questa mattina mi hanno telefonato i miei genitori.

Luciano: Ah, sì? E che hanno detto del loro viaggio in Italia?

Lucille: Oh, erano entusiasti! Hanno cominciato a fare tanti paragoni tra l'Italia e l'America e dicevano sempre che l'Italia è meravigliosa.

Luciano: Ma che paragoni hanno fatto?

Lucille: Beh, paragoni che riguardano la natura, le persone e il cibo. Mio padre ha detto che in America la natura è meravigliosa, ma molto più selvaggia di quella italiana; probabilmente perchè noi americani abbiamo quasi paura di contaminarla con la presenza umana.

Luciano: E avete ragione; io amo tanto l'America proprio per questo.

Lucille: E invece mio padre ama l'Italia perchè dice che gli italiani hanno un forte rapporto con la natura. Mi ha detto che non dimenticherà mai una cena in un ristorante sul mare, vicino ad Amalfi: "Non solo la veduta era spettacolare, ma anche la compagnia era simpaticissima e, soprattutto, abbiamo mangiato divinamente. Questa è l'Italia!" ha concluso.

Luciano: E di me che hanno detto i tuoi genitori?

Lucille: Ti amano già come un figlio! Li hai proprio conquistati!

Luciano: Esattamente come hai fatto tu con i miei genitori! Eh, sì, siamo davvero una coppia eccezionale!

Before answering the questions below read and/or listen to the entire dialogue at least one more time.

Rispondete:

1. Di che cosa stanno parlando Luciano e Lucille? . . . .
2. Che cosa pensano i genitori di Lucille dell'Italia? . . . .
   Quali paragoni fanno? . . . .
   Che differenza c'è tra la natura in Italia e quella in America secondo il padre di Lucille? . .
   . . . .
   Luciano è d'accordo? . . . .
3. Che cosa pensano i genitori di Lucille di Luciano? . . . .
   E i genitori di Luciano che cosa pensano di Lucille? . . . .

PRIMA LETTURA - **La roba**

Ascoltate attentamente:

Chi passa lungo la pianura di Catania spesso domanda: "Di chi è questa terra?"
E gli rispondono: "Di Mazzarò". E se chiede, passando vicino a una fattoria grandissima: "E qui di chi è?" gli rispondono: "Di Mazzarò". E se domanda, passando vicino a un vigneto enorme e a un uliveto grande come un bosco: "E qui?" gli rispondono sempre: "Di Mazzarò".
La gente pensa: "Perfino il sole, le nuvole, il cielo e gli uccelli sono di Mazzarò? E chi è questo Mazzarò, tanto ricco? Deve essere un uomo forte e grosso, che gode mangiare e bere e che ama divertirsi". Invece Mazzarò, che è un uomo piccolo e magro, mangia pochissimo, non beve e non fuma; non ha donne e non ne ha mai avute. Mazzarò non ha figli o nipoti e neppure parenti.

Rispondete:

1. Dov'è Catania? . . . .
Di chi sono le terre che si vedono nella pianura di Catania? . . . .
. . . .
Che cosa pensa la gente del padrone di queste terre? . . . .
. . . .

2. Com'è in realtà questo padrone? . . . .
. . . .
È sposato? Ha figli? Ha parenti? . . . .
Ha donne? Ha vizi? . . . .

SECONDA LETTURA - **Luoghi a confronto**

Ascoltate attentamente:

Marilena è una giovane ragazza di Trapani, in Sicilia. Da una settimana è a Bolzano, nel Trentino, da una sua cara zia. Oggi sta facendo una passeggiata con una nuova amica, una ragazza del posto che ha appena conosciuto. Le ragazze stanno parlando delle loro città. Marilena dice che ama molto Bolzano e le Dolomiti, per l'aria fresca e leggera e per le belle passeggiate che si possono fare in mezzo ad una natura splendida. E Silvia dice che ama moltissimo la Sicilia per il clima caldo e il mare limpido. Marilena cerca poi di convincere Silvia ad andare a Trapani a trovarla, dicendole che ci sono delle belle spiagge con tanti bei ragazzi. Silvia decide dunque di andare a trovare Marilena a Trapani al più presto.

Rispondete:

1. Chi è Marilena? . . . .
Dov'è ora? . . . .
2. Dov'è Bolzano? . . . .
3. Chi è Silvia? . . . .
4. Che cosa stanno facendo Marilena e Silvia oggi? . . . .
5. Di che cosa parlano? . . . .
6. Perchè Marilena ama Bolzano e le Dolomiti? . . . .
Perchè Silvia ama la Sicilia? . . . .
7. Che cosa dice Marilena per convincere Silvia ad andare a trovarla in Sicilia? . . . .
. . . .
Quando decide di andare in Sicilia Silvia? . . . .

FILASTROCCA

Ascoltate e ripetete:

Perchè vuoi scegliere la fattoria in montagna? ///
È meno bella di quella in campagna; ///
è più piccola e molto più costosa ///
e in inverno, in quella fattoria, la vita è più noiosa. ///

Ora ripetete dopo due righe:

Perchè vuoi scegliere la fattoria in montagna?
È meno bella di quella in campagna; ///
è più piccola e molto più costosa
e in inverno, in quella fattoria, la vita è più noiosa. ///

E ora scrivete la filastrocca sostituendo "la fattoria" con "le fattorie". Cominciate così:
Perchè vuoi scegliere le fattorie in montagna?

. . . .
. . . .
. . . .

Capitolo 15
Per Cominciare: **L'arte di raccontare**

Ascoltate:

Luciano e Lucille sono stati al cinema e ora stanno facendo due passi.

Lucille: Ti è piaciuto il film?

Luciano: No: era piuttosto noioso, direi.

Lucille: Anche secondo me.

Luciano: Preferisco leggere le novelle del Boccaccio, anche se le conosco a memoria.

Lucille: Chi è Boccaccio?

Luciano: Giovanni Boccaccio è un famoso scrittore del Trecento. Scrisse il "Decameron": dovresti leggerlo. Sono sicuro che ti piacerebbe molto.

Lucille: Di che cosa parla?

Luciano: Beh.. è una raccolta di novelle in cui si trattano vari temi: l'amore, la religione, la società di quel tempo... Boccaccio conosceva bene l'arte di raccontare! Dovrebbero fare dei film basati sulle sue novelle, invece di presentarci dei film noiosi come quello di stasera!

Lucille: Puoi raccontarmi una novella del Boccaccio?

Luciano: Vuoi ascoltare una novella? Vediamo... ora ti racconto quella di Chichibio...

Before answering the questions below read and/or listen to the entire dialogue at least one more time.

Rispondete:

1. Dove sono stati Luciano e Lucille? . . . .
   E ora che cosa stanno facendo? . . . .
2. Com'era il film che hanno visto? . . . .
3. Chi è Boccaccio? . . . .
   In quale periodo visse ? . . . .
   Di che cosa parla il "Decameron?" . . . .
4. Quale novella vuole raccontare Luciano? . . . .

PRIMA LETTURA - **Chichibio e la gru**

Ascoltate attentamente:

Corrado Gianfigliazzi era un signore molto ricco e liberale. Si divertiva molto ad andare a caccia con il suo falcone e ad invitare ai suoi banchetti molti amici.

Un giorno andò a caccia come al solito e prese una bella gru. Poi tornò a casa, diede la gru al suo cuoco, e gli disse di cuocerla per il pranzo. Il cuoco di Corrado si chiamava Chichibio.

Rispondete:

1. Chi era Corrado Gianfigliazzi? . . . .
   Qual era uno dei suoi passatempi preferiti? . . . .
   Che cosa successe il giorno in cui prese una gru? . . . .
2. Chi era Chichibio? . . . .

SECONDA LETTURA - **L'arte di raccontare**

Ascoltate attentamente:

Moltissimi sono gli sport e i passatempi moderni. Alcuni di questi esistevano anche nel Medioevo, come per esempio la caccia e i giochi da tavolo. La lettura, però, non era molto praticata prima di tutto perchè il livello di analfabetismo era altissimo, ma anche perchè i romanzi o racconti, come li intendiamo oggi, non esistevano. In compenso esisteva l'arte di raccontare, come sapeva bene Giovanni Boccaccio, scrittore del 1300. La sua famosa opera "Il Decameron" è una raccolta di cento novelle raccontate in dieci giorni da dieci giovani ragazzi e ragazze riuniti in una bella villa alla periferia di Firenze.

Rispondete:

1. Quali sport e passatempi di oggi esistevano anche nel Medioevo? . . . .
. . . .

2. Perchè nel Medioevo la lettura non era molto praticata? . . . .
. . . .

3. Chi era Boccaccio? . . . .

4. Quale opera famosa scrisse? . . . .

5. Che cos'è il "Decameron"? . . . .

FILASTROCCA

Ascoltate e ripetete:

L'albergatore ha dato subito la chiave al turista ///
che gli ha chiesto una camera con una bella vista. ///
Poi l'ha accompagnato davanti all'ascensore ///
e gli ha detto: "Benvenuto a Firenze, signore!" ///

Ora ripetete dopo due righe:

L'albergatore ha dato subito la chiave al turista
che gli ha chiesto una camera con una bella vista. ///
Poi l'ha accompagnato davanti all'ascensore
e gli ha detto: "Benvenuto a Firenze, signore!" ///

E ora scrivete la filastrocca mettendo tutti i verbi al passato remoto. Cominciate così:

L'albergatore diede subito la chiave al turista

. . . .
. . . .
. . . .

Capitolo 16
Per Cominciare: **Un artista del Rinascimento**

Ascoltate:

Luciano e Lucille sono appena usciti dal museo, dove hanno visto una bella mostra di quadri del Rinascimento.

Lucille: Che mostra magnifica! Peccato che abbiano chiuso adesso; avrei voluto rimanere più a lungo!

Luciano: Anch'io. Torneremo domani, che ne dici?... Senti, Lucille, come esperta di storia dell'arte e come straniera chi pensi sia il più grande artista del Rinascimento?

Lucille: Beh, ce ne sono tanti! E sono tutti straordinari!... Il mio preferito è certamente Botticelli, ma se pensiamo al concetto di uomo rinascimentale, allora non ho dubbi: Leonardo da Vinci.

Luciano: Lo penso anch'io. Leonardo non era solo pittore ma anche astronomo, scienziato e addirittura scrittore. Era veramente eccezionale.

Lucille: Davvero. L'anno scorso andai a Parigi, al Louvre e vidi la Monna Lisa; che capolavoro!

Luciano: Certo non possiamo dimenticare Michelangelo e Raffaello....

Lucille: A proposito di Michelangelo... ho promesso a tua cugina di andare a vedere la Cappella Sistina domani. Allora per questa mostra dovremo tornare un altro giorno.

Luciano: Potremmo venire giovedì.

Lucille: Sì, benissimo.

Luciano: Ora però andiamo a mangiare; ho una fame da lupi!

Before answering the questions below read and/or listen to the entire dialogue at least one more time.

Rispondete:

1. Dove sono stati Luciano e Lucille? . . . .
   Che cosa hanno visto? . . . .
   Sono soddisfatti della loro visita? . . . .
   Perchè? . . . .
2. Chi è esperto di storia dell'arte? . . . .
   Qual è l'artista preferito da Lucille? . . . .
3. Secondo Lucille che cosa rappresenta Leonardo da Vinci? . . . .
   . . . .
   Dove si trova la Monna Lisa? . . . .
4. Dove deve andare domani Lucille? . . . .
   Con chi? . . . .

PRIMA LETTURA - **I frati e il mercante**

Ascoltate attentamente:

È obbligatorio che i frati minori rispettino rigorosamente la Quaresima quando sono nei loro conventi; infatti è obbligatorio che digiunino secondo le regole del loro ordine.

Però, quando sono in viaggio, hanno il permesso di mangiare quello che trovano nelle locande, dove devono fermarsi.

Una volta due frati arrivarono a un'osteria di campagna insieme a un mercante che, per caso, faceva lo stesso viaggio.

Rispondete:

1. Che cosa è obbligatorio che facciano i frati minori durante la Quaresima? . . . .
. . . .

2. E quando sono in viaggio? . . . .
. . . .

3. Quante e quali persone arrivarono all'osteria? . . . .
. . . .

SECONDA LETTURA - **Un artista nel Rinascimento**

Ascoltate attentamente:

Molti turisti vanno in Italia per ammirare le opere di pittura, scultura e architettura create nel Rinascimento.
Fra i più celebri artisti di questo periodo ricordiamo Tiziano, Tintoretto e Veronese per la scuola "veneta" e Raffaello, Michelangelo e Leonardo Da Vinci per la scuola "fiorentina".
Leonardo è stato spesso definito un genio per l'universalità del suo pensiero. Nella pittura Leonardo fu un vero maestro delle sfumature, delle luci e delle ombre, del chiaroscuro. Tra le sue opere più famose tutti ricordiamo "La Monna Lisa".

Rispondete:

1. Perchè molti turisti vanno in Italia? . . . .
2. Quali erano gli artisti più famosi della scuola veneta? . . . .
. . . .
3. Quali erano gli artisti più famosi della scuola fiorentina? . . . .
. . . .
4. Come è stato definito Leonardo Da Vinci? . . . .
5. Quale sua opera famosa ricordiamo tutti? . . . .

FILASTROCCA

Ascoltate e ripetete:
Questo quadro è molto antico: ///
rappresenta un amico. ///
È un ritratto molto famoso: ///
studiarlo è doveroso. ///

Ora ripetete dopo due righe:
Questo quadro è molto antico:
rappresenta un amico. ///
È un ritratto molto famoso:
studiarlo è doveroso. ///

**E ora scrivete la filastrocca aggiungendo "penso che" all'inizio di ogni riga.
Cominciate così:**
Penso che questo quadro sia molto antico
. . . .
. . . .
. . . .

Capitolo 17
Per Cominciare: **Un'opera a Napoli**

Ascoltate:

Luciano e Lucille sono a Napoli; stanno cenando in un famoso ristorante, nel quartiere "Santa Lucia".

Lucille: Che quartiere incantevole! E questo ristorante è davvero pittoresco... senti, senti, stanno suonando una canzone che mi pare di conoscere...

Luciano: Certo che la conosci: è "Santa Lucia"!

Lucille: Ma... guarda... che sorpresa! Il cameriere mi ha portato perfino una rosa rossa... grazie, grazie... mi sento un po' imbarazzata...

Luciano: Non essere imbarazzata, Lucia: sono io che gli ho chiesto di portarti la rosa e di cantare Santa Lucia... non vedi che c'è un biglietto? Leggilo!

Lucille: Ma come? Mi chiami Lucia ora?... Finalmente! Sono mesi che ti chiedo di chiamarmi Lucia. Ma... hai organizzato tutto tu?

Luciano: Beh, pensavo che ti facesse piacere...

Lucille: Vediamo che cosa dice il biglietto... ecco: "Lucia, vuoi sposarmi?" Ma... certo che voglio sposarti... e presto!

Lucille è molto commossa; si avvicina a Luciano e gli dà un bacio. La musica finisce e tutti cominciano a battere le mani.

Lucille: Oh, ma che fanno?

Luciano: Ci fanno le congratulazioni! Lucille, anzi, voglio dire, Lucia, lo sai dove andremo dopo questa cena? All'opera! Ho già preso i biglietti. Danno la Lucia di Lammermoor, di Donizetti. Ti piacerà molto.

Lucille: E la soprano chi sarà? No, non me lo dire; lo immagino: ci sarà una soprano che si chiama Lucia, vero?

Luciano (sta ridendo di gusto): No, la soprano non si chiama Lucia però il tenore è Luciano Pavarotti!

Lucille ride. Luciano l'abbraccia, mentre la musica ricomincia.

Before answering the questions below read and/or listen to the entire dialogue at least one more time.

Rispondete:

1. Dove si trovano Luciano e Lucille? . . . .
   Che canzone stanno suonando nel ristorante? . . . .
2. Perchè è un po' imbarazzata Lucille? . . . .
   Che cosa c'è scritto nel biglietto? . . . .
   E poi che cosa succede? . . . .
   . . . .
3. Dove andranno i fidanzati dopo la cena? . . . .
   La soprano dell'opera che vedranno stasera si chiama Lucia? . . . .
   E il tenore come si chiama? . . . .

PRIMA LETTURA - **Duetto d'amore di Edgardo e Lucia**

Ascoltate attentamente:

Lucia ed Edgardo erano innamorati, nonostante le loro famiglie fossero rivali.
Mentre Edgardo era assente Enrico (il fratello di Lucia) cercò di convincere la sorella a sposare

il suo amico, Lord Arturo. Enrico, inoltre, accusò Edgardo di tradimento, benchè sapesse perfettamente che Edgardo era innocente.

Rispondete:

1. Chi erano Edgardo e Lucia? . . . .
   Le loro famiglie erano in buoni rapporti tra loro? . . . .
2. Chi era Enrico? . . . .
   Che cosa disse a Lucia? . . . .
3. Chi era Arturo? . . . .

SECONDA LETTURA - **Un'opera a Napoli**

Ascoltate attentamente:

L'opera nacque a Firenze verso la fine del Cinquecento.
Il primo teatro pubblico fu inaugurato a Venezia nel 1637. Pian piano poi l'opera si diffuse anche nel resto dell'Europa e infine in tutto il mondo.
Fra i compositori d'opera italiani più famosi ricordiamo: Giuseppe Verdi, Giacomo Puccini e Gaetano Donizetti. Donizetti nacque nel 1797. Compose più di 70 opere, alcune serie e altre buffe. Fra le sue opere principali non possiamo dimenticare la "Lucia di Lammermoor". È un'opera seria ambientata in un castello scozzese. Fu rappresentata per la prima volta a Napoli, al teatro San Carlo nel 1835.

Rispondete:

1. Dove e quando nacque l'opera? . . . .
2. Quando fu inaugurato il primo teatro pubblico? . . . .
3. Quali sono alcuni compositori italiani molto famosi? . . . .
   . . . .
4. Quante opere compose Gaetano Donizetti? . . . .
5. Quale opera seria di Donizetti non possiamo dimenticare? . . . .

FILASTROCCA

Ascoltate e ripetete:

Sapevo che Gianni studiava all'università; ///
sapevo anche che cambiava spesso facoltà; ///
sapevo pure che gli piaceva la musica leggera ///
e che amava suonare la chitarra la sera. ///

Ora ripetete dopo due righe:

Sapevo che Gianni studiava all'università;
sapevo anche che cambiava spesso facoltà; ///
sapevo pure che gli piaceva la musica leggera
e che amava suonare la chitarra la sera. ///

E ora scrivete la filastrocca sostituendo "sapevo" con "credevo".
Cominciate così:

Credevo che Gianni studiasse all'università;

. . . .
. . . .
. . . .

Capitolo 18
Per Cominciare: **Una nuova famiglia**

Ascoltate:

È domenica sera. A casa dei genitori di Luciano il padre sta guardando una partita di calcio alla televisione. Arrivano Luciano e Lucille. La madre di Luciano li saluta affettuosamente e poi tutti insieme entrano in salotto.

Padre: Ciao ragazzi, come va?... Scusate solo un attimo... la partita è quasi finita... oh, no, ma che fa?
Luciano: Chi?
Padre: Quel giocatore nuovo, non vedi? Si è fatto rubare il pallone, proprio adesso... ooooh... goal!
Luciano: Accidenti... abbiamo perso la partita?
Padre: No, no, per fortuna eravamo in vantaggio noi. Abbiamo vinto 2 a 1.
Luciano: Meno male!
Padre: Certo che quel giocatore non vale proprio una lira!
Luciano: Hai pienamente ragione papà, ma ora dovresti dire che non vale un centesimo!
Padre: Già, come avrebbe detto mio padre se fosse ancora al mondo. Siamo tornati ai centesimi, anche se adesso sono di euro.
Lucille: Chissà... forse quando i nostri futuri figli saranno grandi si tornerà alla lira.
Padre: I vostri figli? Avete intenzione di sposarvi?
Luciano: Sì, papà; volevamo proprio parlarvene questa sera.
Madre: E lo dici così tranquillamente? Ma è una magnifica notizia! Dobbiamo fare un brindisi! Venite ragazzi, andiamo a tavola.

Il padre di Luciano offre un bicchiere di vino ai ragazzi e alla moglie.

Padre: Alla salute della vostra nuova famiglia!... Cin, cin!

Before answering the questions below read and/or listen to the entire dialogue at least one more time.

Rispondete:

1. Che giorno è? . . . .
Dove sono Luciano e Lucille? . . . .
Che cosa fa la mamma di Luciano quando arrivano i ragazzi? . . . .
. . . .
2. Che cosa sta facendo il papà di Luciano? . . . .
. . . .
Come va la partita? . . . .
Chi si è fatto rubare il pallone? . . . .
È arrabbiato il padre di Luciano? . . . .
Che cosa dice? . . . .
E Luciano che cosa risponde? . . . .
3. Chi parla di futuri figli? . . . .
E il padre è sorpreso? . . . .
Che cosa chiede? . . . .
E Luciano che cosa risponde? . . . .
E qual è il commento della mamma? . . . .
Come finisce la serata?

PRIMA LETTURA - **La nascita dell'euro**

Ascoltate attentamente:

Il primo gennaio 1999 è nato ufficialmente l'euro, la nuova moneta unica europea, adottata da quasi tutti i paesi che fanno parte dell'Unione Europea e cioè: Austria, Belgio, Finlandia, Francia, Germania, Grecia, Italia, Irlanda, Lussemburgo, Olanda, Portogallo e Spagna (fanno eccezione la Danimarca, l'Inghilterra e la Svezia).

Rispondete:

1. Quando è nato ufficialmente l'Euro? . . . .
2. Da quali paesi è formata l'Unione Europea?) . . . .
   . . . .
3. Quali, tra questi paesi, non hanno adottato l'euro come moneta unica? . . . .
   . . . .

SECONDA LETTURA - **Una nuova famiglia**

Ascoltate attentamente:

Oggi come ieri la famiglia è un'istituzione estremamente importante per tutti gli italiani.
Oggi, però, a differenza di ieri, la tipica famiglia italiana è piccola. Infatti il tasso di natalità in Italia è attualmente tra i più bassi del mondo. Due fattori fondamentali hanno causato questo cambiamento: il benessere economico e l'emancipazione della donna. Inoltre la nuova famiglia italiana si distingue da quella tradizionale anche per l'origine o la nazionalità dei suoi componenti. Moltissimi sono infatti oggigiorno gli immigrati che provengono da diversi paesi dell'Africa e dell'Est europeo. Questi nuovi immigrati ben presto formano nuclei familiari propri, con religioni e tradizioni nuove.

Rispondete:

1. Che differenze esistono tra la famiglia italiana di oggi e quella di ieri? . . . .
   . . . .
2. Quali sono due fattori fondamentali che hanno causato questo cambiamento? . . . .
   . . . .
3. Ci sono molti immigrati in Italia oggigiorno? . . . .
   . . . .
4. Da dove provengono questi immigrati? . . . .
   . . . .
5. Come sono i nuovi nuclei familiari che questi immigrati formano? . . . .
   . . . .

FILASTROCCA

Ascoltate e ripetete:	**Ora ripetete dopo due righe:**
Se io fossi un giovane poeta ///	Se io fossi un giovane poeta
viaggerei per il mondo senza meta. ///	viaggerei per il mondo senza meta. ///
Se lui facesse il pittore ///	Se lui facesse il pittore
lavorerebbe con molto amore. ///	lavorerebbe con molto amore. ///

E ora scrivete la filastrocca al passato. Cominciate così:

Se io fossi stato un giovane poeta

. . . .
. . . .
. . . .

Key to the exercises of the Workbook

Capitolo preliminare

A. 1. 1. mercoledì   2. martedì   3. domenica   4. sabato   5. lunedì   6. giovedì   7. venerdì

B. 1. grazie   2. buon giorno   3. per favore (per piacere)   4. arrivederci (arrivederLa)   5. buona notte
6. a presto   7. buona sera   8. ciao

C. 1. verde   2. giallo   3. bianco   4. marrone   5. grigio   6. rosso   7. nero   8. blu

D. 1. tre   2. nove   3. due   4. dodici   5. diciotto   6. sei   7. tredici   8. diciassette

E.1. 1. Buon giorno signor Rosselli   2. Ciao Arturo, come stai?   3. Non c'è male, grazie, e tu?   4. Sto bene,
grazie   5. Buon pomeriggio signora Montorsi   6. Buona sera professor Corsi   7. Piacere di conoscerLa,
signorina Benati   8. ArrivederLa

E. 2. 1. Scusi, parla inglese?   2. No, non parlo inglese, ma parlo francese, e Lei?   3. Io parlo inglese, italiano
e spagnolo   4. Di dove sei?   5. Io sono di Bari, ma abito a Roma, e tu?   6. Io sono di Milano, ma abito
a Verona.   7. Ciao, come ti chiami?   8. Mi chiamo Franco. Piacere di conoscerti.

Capitolo 1

A. 1. 1. F M   2. F F   3. M F   4. M F   5. M M   6. F M   7. F F   8. M F

A. 2. 1. lune   2. quadri   3. donne   4. ragazzi   5. uccelli   6. vasi   7. pere   8. espressi   9. mele
10. tavole   11. sedie   12. nasi

B. 1. il ragazzo - i ragazzi   2. la mela - le mele   3. l'isola - le isole   4. la luna - le lune   5. l'uccello - gli
uccelli   6. il vaso - i vasi   7. la pera - le pere   8. l'espresso - gli espressi   9. la sedia - le sedie   10. lo
zaino - gli zaini   11. il fungo - i funghi   12. il quadro - i quadri

C. 1. una carta geografica - alcune carte geografiche   2. un cassetto - alcuni cassetti   3.un'aula - alcune aule
4. un foglio - alcuni fogli   5. una stanza - alcune stanze   6. un pavimento - alcuni pavimenti   7. una
penna - alcune penne   8. un libro - alcuni libri   9. una lavagna - alcune lavagne   10. un tappeto - alcuni
tappeti   11. una porta - alcune porte

D. 1. 1. i cinema   2. i film   3. le auto   4. i tè   5. gli sport   6. gli autobus

D. 2. 1. alcune foto   2. alcuni caffè   3. alcune città   4. alcuni bar   5. alcune università   6. alcuni re

E. 1. 1. sei   2. sono   3. è   4. siamo   5. siete   6. sono   7. sono   8. è

E. 2. 1. è   2. sono   3. è   4. sono

F. 1. 1. ecco i libri   2. ecco le matite   3. ecco i quaderni   4. ecco le mele   5. ecco i caffè   6. ecco le
finestre   7. ecco gli zaini   8. ecco i fogli

F. 2. 1. ci sono i bambini lì   2. dove sono i libri?   3. ci sono le sedie là   4. dove sono i quaderni?   5. ci sono le finestre qui   6. dove sono le matite?

G. 1. primavera   2. inverno   3. ottobre   4. marzo   5. agosto   6. aprile   7. luglio   8. gennaio   9. maggio

H. 1. 1. ventuno   2. trentanove   3. quarantasei   4. sessantasette   5. ottantotto   6. cinquantatrè   7. duecentocinque   8. ottocentoquindici   9. trecentododici   10. cento   11. milletrecentosettantasei   12. tremilacinquecentoquarantatrè

H. 2. 1. ottantasette - quarantadue - trentuno   2. settantadue - cinquantasei - ventiquattro   3. quaranta - trentotto - settantadue   4. novantatrè - sessantasette - ottantanove   5. sessantotto - cinquantanove - ottantuno   6. ottantotto - trentatrè - novantuno   7. settantasei - trentacinque - quarantaquattro   8. ventinove - sessanta quattro - novantasei

Capitolo 2

A. 1. 1. Questi ragazzi sono fortunati   2. Quelle penne sono rosse   3. Quelle case sono piccole   4. Queste aiuole sono belle   5. I tè sono caldi   6. Le università sono nuove   7. Le bambine sono magre   8. Gli studenti sono bravi

A. 2. 1. è nervosa   2. sono buone   3. è magra   4. sono a buon mercato (economici)   5. è avara   6. sono povero   7. è basso   8. è freddo

B. 1. sono nuovissime   2. è bravissimo   3. sono vecchissimi   4. è poverissima   5. sono grassissimi   6. è nervosissimo   7. sono intelligentissime   8. è buonissimo

C. 1. 1. Queste macchine sono molto veloci   2. Le signorine sono molto intelligenti   3. Le navi sono nuove   4. Questi cani sono bellissimi   5. I professori sono generosi   6. Queste mele sono verdi   7. Gli studenti sono giovani   8. I dottori sono molto ricchi

C. 2. 1. La sedia è molto utile   2. La studentessa è triste   3. La città è interessante   4. Questo esercizio è facile   5. Il bambino è felice   6. Questo foglio è inutile   7. L'insegnante è gentile   8. Questo libro è difficile

D. 1. 1. Tu hai una casa grande; Carlo ha una casa grande; noi abbiamo una casa grande   2. Lei ha una macchina nuova; noi abbiamo una macchina nuova; tu hai una macchina nuova   3. Lui ha venti libri; io ho venti libri; voi avete venti libri   4. Loro hanno una bella borsa; io ho una bella borsa; tu hai una bella borsa   5. Noi abbiamo otto matite;   tu hai otto matite; lei ha otto matite   6. Io ho una moto blu; loro hanno una moto blu; noi abbiamo una moto blu   7. Lei ha due biciclette; io ho due biciclette; voi avete due biciclette   8. Voi avete molti quadri; tu hai molti quadri; loro hanno molti quadri   9. Lui ha una Ferrari; io ho una Ferrari; voi avete una Ferrari   10. Lei ha molti quaderni nuovi; io ho molti quaderni nuovi; voi avete molti quaderni nuovi   11. Noi abbiamo molte penne nere; tu hai molte penne nere; lei ha molte penne nere   12. Loro hanno cinquemila Euro; io ho cinquemila Euro; tu hai cinquemila Euro

D. 2. Each student creates his/her own sentences

E. 1. molte   2. molta   3. molti   4. molto   5. molte - molti   6. molto

F. 1. di   2. a   3. per   4. in   5. con   6. nel   7. nell'   8. sul   9. nella   10. sulla

G. 1. Quanto   2. Quale   3. Quali   4. Quante   5. Quanti   6. Quanta

A. 1. 1. lavorano   2. cantiamo   3. studia   4. telefoni   5. spiega   6. guarda   7. mangiate   8. guido

A. 2. 1. Tu abiti a Verona; io abito a Verona; noi abitiamo a Verona   2. Anch'io insegno l'italiano; anche lei insegna l'italiano; anche voi insegnate l'italiano   3. I ragazzi non ricordano il numero di telefono di Rosa; noi non ricordiamo il numero di telefono di Rosa; tu non ricordi il numero di telefono di Rosa 4. Carla suona molto bene il pianoforte; voi suonate molto bene il pianoforte; io suono molto bene il pianoforte 5. Anch'io comincio la scuola domani; anche tu cominci la scuola domani; anche lei comincia la scuola domani   6. Noi impariamo la lezione; Giovanni impara la lezione; Teresa impara la lezione   7. Voi parlate molte lingue straniere; noi parliamo molte lingue straniere; io parlo molte lingue straniere   8. Voi giocate con i bambini; Roberto gioca con i bambini; tu giochi con i bambini

A. 3. Each student creates his/her own sentences

B. 1. intelligente   2. famoso   3. esattamente   4. generoso   5. università   6. soluzione   7. società   8. stazione

C. 1. 1. leggete   2. spendi   3. prende   4. scrivo   5. risponde   6. vediamo

C. 2. 1. Loro piangono spesso; voi piangete spesso; tu piangi spesso   2. Noi vendiamo la macchina; lui vende la macchina; tu vendi la macchina   3. Loro mettono il libro sul banco; lei mette il libro sul banco; io metto il libro sul banco   4. Tu chiudi la porta; voi chiudete la porta; lui chiude la porta   5. Lei ripete la domanda; noi ripetiamo la domanda; tu ripeti la domanda   6. Lei dipinge la casa; voi dipingete la casa; io dipingo la casa

D. 1. 1. preferisce   2. dormono   3. offriamo   4. capisci   5. partite   6. sento

D. 2. 1. Lei finisce il compito; noi finiamo il compito; loro finiscono il compito   2. Io pulisco la casa ogni mattina; voi pulite la casa ogni mattina; lui pulisce la casa ogni mattina   3. Loro partono domenica; tu parti domenica; io parto domenica   4. Io apro il cassetto; voi aprite il cassetto; noi apriamo il cassetto   5. Io seguo gli amici; lei segue gli amici; tu segui gli amici   6. Voi servite la cena; loro servono la cena; io servo la cena

D. 3. Each student creates his/her own sentences

E. 1. pochissimo   2. troppo   3. poco   4. molto

F. 1. gli amici   2. le righe   3. i funghi   4. le barche   5. tedeschi   6. bianchi   7. greci   8. simpatici

G. 1. del   2. delle   3. dell'   4. degli   5. del   6. della

H. 1. apre 2. scriviamo 3. guardo   4. parla   5. prendete   6. mangi 7. vendete   8. dorme 9. puliscono 10. capisce   11. metto   12. prepari

A. 1.   1. Le nostre macchine sono troppo vecchie   2. I vostri uffici sono in centro   3. I suoi compiti sono molto difficili   4. Le mie stanze non sono abbastanza grandi   5. Le loro biciclette sono nuovissime 6. Le tue risposte sono intelligenti   7. Questi sono i loro cani   8. I miei gatti sono sugli alberi

A. 2.   1. I miei figli sono molto magri   2. Le tue zie sono sempre molto generose   3. I nostri nipoti sono fortunati   4. I suoi fratelli scrivono delle lettere   5. Le loro figlie giocano con i cani   6. Le vostre madri cantano spesso

A. 3.   Each student creates his/her own sentences

B.   1. il suo   2. le mie   3. le nostre   4. la loro   5. i loro   6. il tuo   7. i miei   8. i vostri

C.   1. Fa brutto   2. Fa brutto   3. Fa bello   4. Fa brutto   5. Fa brutto

D. 1.   1. ho fame   2. ha quattro anni   3. hai torto   4. abbiamo paura   5. hanno bisogno di 6. avete sete?

D. 2.   Each student creates his/her own sentences

E.   1. terzo   2. ottavo   3. quinto   4. nono   5. secondo   6. decimo   7. sesto   8. primo   9. settimo

F.   1. in   2. a   3. nell'   4. in   5. a   6. nel   7. in   8. nella

A. 1.   1. Tu vai al lavoro in macchina; lei va al lavoro in macchina; voi andate al lavoro in macchina; 2. Loro stanno benissimo; io sto benissimo; noi stiamo benissimo   3. Tu vieni in biblioteca ogni vener dì; loro vengono in biblioteca ogni venerdì; lui viene in   biblioteca ogni venerdì;   4. Lei esce ogni sabato sera; voi uscite ogni sabato sera; tu esci ogni sabato sera   5. Io vado a teatro spesso; noi andiamo a teatro spesso; voi andate a teatro spesso   6. Io esco ora dall'ufficio; lei esce ora dall'ufficio; loro escono ora dall'ufficio   7. Voi state a casa stasera; loro stanno a casa stasera; tu stai a casa stasera   8. Voi venite con noi al supermercato; lei viene con noi al supermercato; loro vengono con noi al supermercato

A. 2.   Each student creates his/her own sentences

B.   1. al   2. dal   3. a   4. in   5. in   6. in   7. dalle   8. in

C. 1.   1. Voi fate un giro in città; lei fa un giro in città; tu fai un giro in città   2. Noi facciamo una telefonata agli amici; lei fa una telefonata agli amici; loro fanno una telefonata agli amici   3. Lui dice sempre le stesse cose; tu dici sempre le stesse cose; loro dicono sempre le stesse cose   4. Io do un bacio alla mamma; voi date un bacio alla mamma; tu dai un bacio alla mamma   5. Io dico sempre di no; tu dici sempre di no; noi diciamo sempre di no   6. Tu dai un passaggio al vecchio signore; voi date un passaggio al vecchio signore; lei dà un passaggio al vecchio signore;   7. Tu non sai dov'è questo monumento; loro non sanno dov'è questo monumento; voi non sapete dov'è questo monumento   8. Voi sapete guidare benissimo; loro sanno guidare benissimo; lui sa guidare benissimo

C. 2.   Each student creates his/her own sentences

D. 1.   1. Io non posso andare in Italia; tu non puoi andare in Italia; loro non possono andare in Italia   2. Noi dobbiamo studiare per il quiz; voi dovete studiare per il quiz; io devo studiare per il quiz   3. Loro vogliono invitare gli amici a cena; tu vuoi invitare gli amici a cena; noi vogliamo invitare gli amici a cena;   4. Lei beve spesso il vino rosso; noi beviamo spesso il vino rosso; voi bevete spesso il vino rosso;   5. Voi potete comprare una chitarra; lei può comprare una chitarra; io posso comprare una chitarra   6. Tu vuoi ballare ogni sabato sera; voi volete ballare ogni sabato sera; lei vuole ballare ogni sabato sera   7. Io devo aiutare il papà oggi; lei deve aiutare il papà oggi; loro devono aiutare il papà oggi   8. Tu bevi spesso la grappa; loro bevono spesso la grappa; noi beviamo spesso la grappa

D. 2.   Each student creates his/her own sentences

E. 1.   1. buon buona   2. buon' buoni   3. buone buon'   4. buon buon

E. 2.   1. bella bel   2. begli belle   3. bell' bella   4. belle bei   5. bei bello

E. 3.   1. quella   2. quella   3. quel   4. quello   5. quei   6. quelli   7. quelle   8. quelle   9. quel

F.   1. Io sto parcheggiando la macchina qui   2. Anche voi state facendo una passeggiata stasera   3. Mia nipote sta dormendo sul sofà   4. Tu stai guidando la macchina   5. Loro stanno visitando il museo   6. Noi stiamo andando da Valeria   7. I miei parenti stanno preparando la cena 8. Io sto uscendo di casa ora

Capitolo 6

A. 1.   1. Io ho mangiato gli spaghetti   2. Rosa ha bevuto il caffè corretto   3. Voi avete scritto un biglietto di auguri ai nonni   4. Noi abbiamo detto una preghiera   5. Tu hai aperto la scatola   6. Io ho messo la bistecca sul piatto   7. I tuoi genitori hanno scherzato con i loro amici   8. Il ragazzo ha promesso di studiare   9. Loro hanno letto la favola   10. Voi avete festeggiato il compleanno della nonna   11. Tu hai speso troppi soldi   12. Noi abbiamo aspettato l'autobus

A. 2.   1. Tu hai fatto una domanda al dottore; loro hanno fatto una domanda al dottore; lei ha fatto una domanda al dottore;   2. Luisa ha finito il compito; loro hanno finito il compito; io ho finito il compito   3. Due giorni fa io ho preso il diploma; due giorni fa tu hai preso il diploma; due giorni fa voi avete preso il diploma   4. Io ho discusso di politica; noi abbiamo discusso di politica; voi avete discusso di politica

A. 3.   Each student creates his/her own sentences

B. 1.   1. Io sono andato (a) in lavanderia   2. Loretta è stata a casa di Claudio   3. I miei amici sono partiti per l'Italia in aereo   4. Tu sei tornato (a) a casa presto   5. Noi siamo partiti (e) in anticipo stasera

6. Voi siete andati (e) all'ufficio postale   7. Aldo è arrivato in ritardo per la festa   8. Loro sono usciti (e) dal museo

B. 2.   1. Voi siete nati (e) in Italia; lei è nata in italia; loro sono nati (e) in Italia   2. Lui è morto due anni fa; lei è morta due anni fa; le attrici sono morte due anni fa   3. Ieri sera io sono rimasto (a) in campagna; ieri sera tu sei rimasto (a) in campagna; ieri sera voi siete rimasti (e) in campagna   4. Lui è partito molto presto; voi siete partiti (e) molto presto; tu sei partito (a) molto presto

B. 3.   Each student creates his/her own sentences

C.   1. dieci   2. nove   3. due   4. venti   5. sessanta   6. duecento

D.   1. 8:15   2. 10: 40   3. 9:00   4. 5:50   5. 4:45   6. 11:55   7. 12:30   8. 2:35

E.   1. diciotto   2. ventuno   3. sei   4. sedici   5. centonovantacinque   6. cinquecentododici   7. ottantuno   8. sessanta

F. 1.   1. a   2. da   3. per   4. con   5. in   6. di

F. 2.   1. sul   2. dalle–alle   3. alla   4. nella   5. del   6. nel   7. sugli   8. nell'

Capitolo 7

A. 1.   1. Lei si prepara per la festa; io mi preparo per la festa; voi vi preparate per la festa   2. Tu ti alzi sempre prestissimo; noi ci alziamo sempre prestissimo; loro si alzano sempre prestissimo   3. Loro si mettono il vestito nuovo; io mi metto il vestito nuovo; voi vi mettete il vestito nuovo   4. Io mi addormento facilmente; lei si addormenta facilmente; noi ci addormentiamo facilmente   5. Voi vi sedete sul sofà; tu ti siedi sul sofà; io mi siedo sul sofà   6. Tu ti togli il cappotto; lei si toglie il cappotto; loro si tolgono il cappotto   7. Io mi lavo le mani; lei si lava le mani; noi ci laviamo le mani   8. Lui non si fa la barba tutti i giorni; loro non si fanno la barba tutti i giorni; voi non vi fate la barba tutti i giorni

A. 2.   1. si diverte   2. si annoia   3. mi pettino   4. ti riposi   5. si arrabbia   6. ci vediamo   7. vi assomigliate   8. si abbracciano

A. 3.   1. Tu non ti devi arrabbiare così spesso   2. Io non mi posso fermare ora   3. Lia non si vuole lavare le mani   4. Noi ci dobbiamo svegliare prestissimo questa domenica   5. Loro si possono alzare dopo le undici domani   6. Voi vi volete sedere sulle sedie comode

A. 4.   Each student creates his/her own sentences

B.   1. Io mi sono arrabbiato (a) con Giorgio   2. Roberto, perchè non ti sei pettinato? 3. Lei si è seduta a un tavolo del caffè   4. Bambini, perchè non vi siete lavati?   5. I miei cugini si sono baciati quando si sono visti   6. Noi ci siamo preparati (e) per l'esame di biologia   7. Le amiche si sono salutate quando si sono incontrate   8. Emilio si è svegliato alle sei e un quarto

C.   1. conosci   2. sapete   3. so   4. conosce   5. sappiamo   6. conoscono   7. sa   8. sapete

D.   1. ci vogliamo andare   2. ci abitiamo   3. ci vanno   4. ci devi venire   5. ci sono andato   6. ci posso venire

E. 1. sono cucchiaini   2. è un gattone   3. sono macchinine   4. è una casetta   5. è una ragazzaccia

F. 1. facilmente   2. recentemente   3. certamente   4. raramente

Capitolo 8

A. 1. 1. Gustavo li compra   2. Voi le prendete   3. Loro li comprano   4. Tu la prendi   5. Io lo compro   6. Noi le prendiamo   7. Nicoletta la compra   8. Tu le prendi

A. 2. 1. li mangio   2. lo bevo   3. non le mangiamo spesso   4. la beviamo   5. li mangiano   6. lo beve stasera   7. le apriamo spesso   8. non li vedo oggi

B. 1. li posso portare/ posso portarli   2. le voglio mangiare / voglio mangiarle   3. la devo preparare / devo prepararla   4. lo voglio bere / voglio berlo   5. la posso chiamare / posso chiamarla   6. lo devo pagare / devo pagarlo   7. le voglio scrivere / voglio scriverle   8. li posso invitare / posso invitarli

C. 1. 1. Roberto le telefona   2. Io gli mando una lettera (also: io mando loro una lettera)   3. Tu gli rispondi   4. Noi gli offriamo un caffè (also: noi offriamo loro un caffè) 5. Loro le dicono "buongiorno"   6. Voi gli chiedete informazioni   7. L'insegnante gli spiega la lezione (also: l'insegnante spiega loro la lezione)   8. Io le regalo i fiori

C. 2. 1. Sì, gli scriviamo (also: scriviamo loro) or No, non gli scriviamo (also: non scriviamo loro)   2. Sì, le offro il tè or No, non le offro il tè   3. Sì, gli diamo la palla or No, non gli diamo la palla   4. Sì, mi insegnano bene or No, non mi insegnano bene   5. Sì, gli presto la bicicletta or No, non gli presto la bicicletta   6. Sì, le portiamo gli appunti or No, non le portiamo gli appunti   7. Sì, ci telefona spesso or No, non ci telefona spesso   8. Sì, gli chiedo il conto or No, non gli chiedo il conto

D. 1. Sì, vi voglio rispondere / voglio rispondervi   2. Sì, gli devo telefonare / devo telefonargli   3. Sì, gli possiamo restituire i soldi (also: possiamo restituire loro i soldi) / possiamo restituirgli i soldi   4. Sì, gli voglio dire la verità / voglio dirgli la verità   5. Sì, ti posso prestare il libro / posso prestarti il libro   6. Sì, le dobbiamo scrivere / dobbiamo scriverle   7. Sì, gli posso parlare / posso parlargli   8. Sì, gli devo insegnare i verbi irregolari (also: devo insegnare loro) / devo insegnargli i verbi irregolari

E. 1. 1. piacciono   2. piace   3. piacciono   4. piace   5. piacciono   6. piacciono   7. piace   8. piace

E. 2. 1. le piacciono   2. mi piace   3. gli piace   4. ti piacciono   5. gli piace (also: a loro piace)   6. vi piace   7. ci piace   8. gli piacciono (also: a loro piacciono)

F. 1. 1. La mamma li ha comprati   2. La mamma l'ha mangiata   3. La mamma le ha comprate   4. La mamma li ha mangiati   5. La mamma l'ha comprato   6. La mamma l'ha mangiato   7. La mamma le ha comprate   8. La mamma li ha mangiati

F. 2. 1. Sì, gli ho parlato   2. Sì, le abbiamo dato i quadri   3. Sì, le ho fatto un regalo   4. Sì, gli abbiamo offerto i dolci (also: abbiamo offerto loro i dolci)   5. Sì, gli ho telefonato (also: ho telefonato loro)   6. Sì, gli abbiamo risposto   7. Sì, le ho dato la ricetta   8. Sì, gli abbiamo scritto

G. 1. Mi sono piaciute le tue compagne di classe   2. Ti è piaciuto giocare a pallone   3. Gli sono piaciuti i peperoni   4. Vi è piaciuta questa cena   5. Ai miei cugini è piaciuta la vostra casa   6. Ci sono piaciute le patate con le cipolle   7. A Giulia è piaciuta la torta di mandorle   8. Ti sono piaciuti i pantaloni di Marco

Capitolo 9

A. 1.   1. Di solito voi studiavate sei ore al giorno; di solito loro studiavano sei ore al giorno; di solito lui studiava sei ore al giorno   2. Noi facevamo il letto tutti i giorni; tu facevi il letto tutti i giorni; io facevo il letto tutti i giorni   3. Io cucinavo tutte le domeniche; voi cucinavate tutte le domeniche; tu cucinavi tutte le domeniche   4. Loro pranzavano sempre alla stessa ora; voi pranzavate sempre alla stessa ora; lei pranzava sempre alla stessa ora   5. Tu ordinavi sempre il risotto ai funghi al ristorante; io ordinavo sempre il risotto ai funghi al ristorante; noi ordinavamo sempre il risotto ai funghi al ristorante   6. Noi chiacchieravamo sempre in classe; tu chiacchieravi sempre in classe; lei chiacchierava sempre in classe   7. Io ridevo spessissimo al liceo; tu ridevi spessissimo al liceo; voi ridevate spessissimo al liceo   8. Noi scherzavamo volentieri con gli amici; tu scherzavi volentieri con gli amici; lui scherzava volentieri con gli amici

A. 2.   1. si alzavano - facevano - bevevano   2. preferivo - andavo - ordinavamo - bevevamo   3. faceva - era - c'era - sentivo - volevo - avevo voglia   4. c'erano - volevano - desideravano   5. era - frequentava - studiava - riceveva - aiutava - parlava - andava - era

A. 3.   Each student creates his/her own sentences

B. 1.   1. ho mangiato   2. andavamo   3. studiavate   4. hai bevuto   5. si addormentava   6. hanno fatto   7. ha telefonato   8. leggevo

B. 2.   1. Spesso io parlavo con i miei compagni di classe   2. Spesso Franco cucinava il pesce alla griglia   3. Spesso voi preparavate la pasta asciutta al ragù   4. Spesso tu ordinavi una bistecca al sangue in questo ristorante   5. Spesso noi telefonavamo ai nonni   6. Spesso loro discutevano di politica al bar

C.   1. ero già uscita   2. era già finita   3. avevamo già cenato   4. aveva già cominciato   5. avevi già comprato   6. avevate già fatto

D.   1. quattordicesimo   2. ottavo   3. undicesimo   4. sedicesimo   5. primo   6. quinto   7. diciottesimo   8. secondo

Capitolo 10

A. 1.   1. La prossima settimana tu farai un viaggio in Italia; la prossima settimana voi farete...... la prossima settimana lei farà......   2. Domani loro compreranno il biglietto per Parigi...... domani noi compreremo...... domani io comprerò......   3. Io partirò dall'aeroporto di los Angeles......tu partirai......lei partirà......   4. Io dovrò ricordare di prendere il passaporto....... noi dovremo ricordare....... lui dovrà ricordare.......   5. In Italia io viaggerò spesso in treno......in Italia lui viaggerà......in Italia noi viaggeremo......   6. Io noleggerò un'automobile......noi noleggeremo..... .loro noleggeranno......   7. Voi cercherete un albergo non troppo costoso......lei cercherà......loro cercheranno ......   8. Voi prenderete spesso l'autobus o il taxi......tu prenderai......lei prenderà......

A. 2.   1. potrete   2. sarò   3. vorrà   4. rimarremo   5. dovrai   6. andremo   7. vedrete   8. verranno

A. 3.   1. non andrò in Italia......   2. non mangeremo i ravioli......   3. berremo lo spumante......   4. non arriverò......   5. non vedrò......   6. staremo a casa di Carlo......   7. non sapremo......   8. non comincerò la scuola.......

B.   3. Loro faranno la spesa - loro avranno fatto la spesa   4. Noi capiremo la lezione - noi avremo capito la lezione   5. Lui si divertirà molto - lui si sarà divertito molto   6. Tu saprai la verità - tu avrai saputo la verità   7. Io mi metterò il vestito - io mi sarò messa il vestito   8. Voi darete l'esame - voi avrete dato l'esame

C.   1. nessuno   2. niente   3. nè...nè   4. neppure

D. 1.   1. Vado al lavoro ogni giorno tranne la domenica   2. Ogni sera guardiamo la televisione   3. Ogni domenica andate al cinema   4. Ogni mese ricevi lo stipendio   5. Ogni casa ha almeno un bagno   6. In ogni cucina c'è un lavandino   7. In ogni albergo possiamo pagare in contanti   8. In questo negozio ogni prezzo è troppo alto

D. 2.   1. Abbiamo comprato delle paste per la colazione   2. Delle volte mangio troppo   3. Avete visitato dei bei musei a Roma?   4. Luisella ha invitato degli amici a cena stasera   5. Tu hai dei vasi molto antichi   6. Al mercato tua sorella ha trovato dei piatti di rame bellissimi

D. 3.   1. qualunque   2. nessun   3. qualche   4. ogni

Capitolo 11

A. 1.   1. Tu vorresti trovare un lavoro interessante..... voi vorreste trovare.....lei vorrebbe trovare.....   2. Io potrei comprare questa valigia blu..... lei potrebbe comprare..... loro potrebbero comprare.....   3. Tu ritorneresti in Cina volentieri..... io ritornerei..... noi ritorneremmo.....   4. Lui non dovrebbe dire bugie..... io non dovrei dire.....noi non dovremmo dire.....   5. Io riconoscerei subito quell'attrice..... tu riconosceresti..... lui riconoscerebbe...   6. Tu vorresti mangiare qui questa sera?..... Lei vorrebbe mangiare..... Loro vorrebbero mangiare...   7. Tu andresti a Parigi con molto piacere..... lei andrebbe..... voi andreste.....   8. Io darei la risposta giusta.....lei darebbe.....loro darebbero.....

A. 2.   1. dovresti   2. leggerei   3. andremmo   4. farebbe   5. preferirebbero   6. vivreste   7. sarebbe   8. vorrebbero

A. 3.   Each student creates his/her own sentences

B. 1.   1. dottore   2. professoressa   3. pianista   4. scrittore   5. operaio   6. giornalista   7. cameriera   8. poeta

B. 2.   1. I farmacisti sono stati licenziati   2. Gli (le) insegnanti sono arrivati (e) a scuola in anticipo   3. I turisti stanno ammirando la torre medioevale   4. I poeti stanno leggendo le poesie

C.1. 1. Io saluterei loro gentilmente   2. Luisa conoscerebbe lui con piacere   3. Loro incontrerebbero lei volentieri   4. Io aiuterei te subito   5. Giorgio inviterebbe voi certamente   6. Anna chiamerebbe me senza dubbio

C. 2. 1. Luigi telefonerebbe a me certamente   2. Io scriverei a voi sicuramente   3. Paola parlerebbe a lui al più presto   4. Quel professore insegnerebbe a lei pazientemente   5. Io darei a te questo libro con piacere   6. Io direi a lei "benvenuta!"

C. 3. 1. Sì, scrivo a lei   2. Sì, andiamo da lei   3. Sì, telefono a loro   4. Sì, questi fiori sono per te   5. Sì, ho invitato proprio voi

C. 4. 1. A noi piacerebbe essere molto ricchi   2. A voi piacerebbe ballare tutte le domeniche   3. A lui piacerebbe conoscere la tua amica   4. A me piacerebbe comprare un castello   5. A lei piacerebbe avere molti figli

D. 1. Io avrei telefonato a Carlo, ma non avevo tempo; lui avrebbe telefonato a Carlo, ma non aveva tempo; loro avrebbero telefonato a Carlo, ma non avevano tempo   2. Io sarei arrivato (a) più presto, ma ho dovuto lavorare; tu saresti arrivato (a) più presto, ma hai dovuto lavorare; noi saremmo arrivati più presto, ma abbiamo dovuto lavorare   3. Lei avrebbe mangiato con voi, ma era troppo tardi; io avrei mangiato con voi, ma era troppo tardi; loro avrebbero mangiato con voi, ma era troppo tardi   4. Io sarei andato (a) all'opera volentieri, ma non ho trovato i biglietti; lei sarebbe andata all'opera volentieri, ma non ha trovato i biglietti; tu saresti andato all'opera volentieri, ma non hai trovato i biglietti

E. 1. ognuno   2. alcuni - altri   3. nessuno   4. qualcuno   5. qualcosa

Capitolo 12

A. 1. 1. Ne ho quattro   2. Ne ha ventidue   3. Ne hanno trentadue   4. Ne vogliamo comprare sei   5. Ne devo ancora dare cinque   6. Ne possiamo invitare dodici   7. Ne ho otto   8. Ne hanno due

A. 2. 1. non ne ho bisogno   2. ne hanno parlato   3. ne ho voglia   4. non ne sa niente   5. ne ha bisogno   6. ne hanno voglia   7. ne abbiamo paura   8. non ne sappiamo niente

B. 1. 1. Ce ne sono sette   2. Ce ne sono sei   3. Ce n'è una   4. Ce ne sono dieci

B. 2. 1. ci penso spesso   2. ci vogliono   3. non ne valeva la pena   4. non ne può più

C. 1. In tutto il mondo si parla ancora...   2. In questo negozio si vendono...   3. A che ora si parte per...   4. Si può prenotare...   5. Nei teatri non si può fumare   6. Sulle strade si devono rispettare...   7. In casa tua si parla...   8. Al supermercato non si fanno sconti   9. Si dice che...   10. Si mangia con piacere...

D. 1. 1. ve le presto volentieri   2. te la do volentieri   3. glielo regaliamo volentieri   4. gliela porto volentieri   5. glielo faccio volentieri (also: lo faccio loro volentieri)   6. me lo offre

D. 2. 1. Te la presta   2. Ce li compra   3. Ve lo faccio   4. Me la spiega   5. Glieli comprano   6. gliela regala

D. 3. 1. Non ve la possiamo portare / non possiamo portarvela   2. Te lo vuole offrire / vuole offrirtelo   3. Ce lo vuoi insegnare / vuoi insegnarcelo   4. Te la devo mandare / devo mandartela   5. Gliela possono regalare / possono regalargliela

E. 1.   1. Sì, ce le mettiamo   2. Sì, se lo mette   3. Sì, me li metto   4. Sì, se le mettono   5. Sì, se la mette

E. 2.   1. Sì, ce le siamo messe   2. Sì, se lo è messo   3. Sì, me li sono messi   4. Sì, se le sono messe   5. Sì, se lo è messo

Capitolo 13

A. 1.   1. Se devi andare, vai (va')! se dovete andare, andate!   2. Se abbiamo voglia di giocare, giochiamo! se avete voglia di giocare, giocate!   3. Se vuoi partire, parti! se vogliamo partire, partiamo!   4. Se devi uscire, esci! se dovete uscire, uscite!   5. Se abbiamo voglia di ballare, balliamo! se avete voglia di ballare, ballate!   6. Se vuoi ridere, ridi! se vogliamo ridere, ridiamo!

A. 2.   1. Non andate a casa!   2. Non chiedere la sua opinione!   3. Non siate gentili con lui!   4. Non fare la spesa!   5. Non abbiate paura!   6. Non dire bugie!   7. Non chiudete il negozio!   8. Non fare una pausa!

B. 1.   1. Compralo!   2. Puliamola!   3. Bevilo!   4. Studiateli!   5. Vendila!   6. Apriamole!   7. Ascoltatele!   8. Diamolo!

B. 2.   1. Scrivile!   2. Parlategli! (parlate loro!)   3. Rispondiamogli!   4. Parlagli! (parla loro!)   5. Scrivetegli!   6. Rispondile!

B. 3.   1. alzati!   2. preparati!   3. fermatevi!   4. salutatevi!   5. vedetevi!   6. laviamoci!   7. sediamoci!   8. pettiniamoci!

B. 4.   1. portagliela!   2. mandaglielo!   3. compramele!   4. daglieli!   5. portateglieli!   6. mandatecele!   7. datemela!   8. comprateglieli! (comprateli loro!)   9. portiamoglieli!   10. mandiamoglieli! (mandiamoli loro!)   11. compriamoglielo!   12. diamoglielo!

C. 1.   1. Signorina Rossi, per favore apra la finestra!   2. Signorina Rossi, per favore esca dall'ufficio!   3. Signorina Rossi, per favore faccia il compito!   4. Signorina Rossi, per favore scriva l'esercizio!   5. Signorina Rossi, per favore vada dal dottore!   6. Signorina Rossi, per favore prenda le medicine!   7. Signorina Rossi, per favore sia puntuale!   8. Signorina Rossi, per favore abbia pazienza!

C. 2.   1. Signori Bosi, per favore bevano molta acqua!   2. Signori Bosi, per favore mangino molte verdure!   3. Signori Bosi, per favore facciano delle passeggiate!   4. Signori Bosi, per favore vadano a letto presto!   5. Signori Bosi, per favore ascoltino i consigli del medico!   6. Signori Bosi, per favore parlino ad alta voce!   7. Signori Bosi, per favore scrivano le informazioni!   8. Signori Bosi, per favore leggano gli avvertimenti!

C. 3.   1. Non parta per il mare ora!   2. Non esca dall'ufficio ora!   3. Non compri i biglietti ora!   4. Non vadano a casa ora!   5. Non vendano la macchina ora!   6. Non rispondano ora!

D. 1.   1. La faccia! La facciano!   2. Li legga! Li leggano!   3. Lo scriva! Lo scrivano!   4. La parcheggi! La

parcheggino!   5. La visiti! La visitino!   6. Li prepari! Li preparino!   7. Lo guardi! Lo guardino!
8. La apra! La aprano!

D. 2.   1. Si svegli presto! Si sveglino presto!   2. Si alzi subito! Si alzino subito!   3. Si lavi immediatamente!
Si lavino immediatamente!   4. Si faccia la barba lentamente! Si facciano la barba lentamente!   5. Si
pettini davanti allo specchio! Si pettinino davanti allo specchio!   6. Si vesta elegantemente! Si vestano
elegantemente!

D. 3.   1. Me lo dica!   2. Glielo dia!   3. Ce le insegni!   4. Glielo facciano!   5. Me la scrivano!
6. Gliela diano!

E.   1. Smettete di fumare   2. Vuoi comprare questa giacca?   3. Venite a trovarci per favore!
4. I ragazzi hanno deciso di partire fra due giorni   5. Posso venire con te al cinema?   6. Vada a
casa subito!   7. Ci hanno proibito di bere bevande alcoliche!   8. Sara sta imparando a guidare

Capitolo 14

A. 1.   1. di cui   2. che   3. tutto ciò che   4. Chi   5. con cui   6. a cui

A. 2.   1. Chi   2. di cui   3. su cui   4. che   5. A chi   6. per cui

A. 3.   1. Tutto quello che (ciò che)   2. che   3. ciò che   4. che   5. tutto quello che (ciò che)
6. tutto quello che (ciò che)

B. 1.   1. più   2. più   3. meno   4. come   5. meno   6. che   7. che   8. come

B. 2.   1. meno furba della   2. più fedele del   3. meno costosa di   4. alta come   5. più rare delle
6. che   7. più buone di   8. più intelligente dell'

C. 1.   1. minore   2. migliore   3. migliore   4. peggiore   5. maggiore   6. peggiore

C. 2.   1. meglio   2. peggio   3. di meno   4. di più   5. meglio   6. di meno

D. 1.   1. Le Alpi sono le montagne più alte d'Italia   2. Il giorno del vostro matrimonio è stato il giorno più
felice della vostra vita   3. Claudio è lo studente più intelligente della classe   4. Loretta è la ragazza
più bella del gruppo   5. Questo bambino non è molto alto; infatti è il bambino meno alto di tutti
6. Io non sono molto sportiva; infatti io sono la persona meno sportiva della mia famiglia

D. 2.   1. ottimo   2. pessimamente   3. pessima   4. ottimamente

A. 1. 1. Due anni fa io feci un viaggio bellissimo in Africa..... due anni fa voi faceste un viaggio..... 2. Per l'esame di storia noi studiammo per tre mesi..... per l'esame di storia tu studiasti..... 3. Dieci anni fa tu visitasti Parigi; dieci anni fa voi visitaste..... 4. Noi incontrammo il tuo amico alcuni anni fa, a Roma..... lei incontrò il tuo amico..... 5. Io ricevetti (ricevei) il diploma di laurea a Napoli..... loro ricevettero (riceverono) il diploma..... 6. Per la cena tu offristi ottimi vini..... per la cena io offrii.....

A. 2. 1. preparasti 2. camminammo 3. giocò 4. parlai 5. chiesero 6. beveste 7. disse 8. scrissi

A. 3. 1. Giorgio comprò le verdure 2. Loro stettero a casa 3. Noi dicemmo una preghiera 4. I tuoi amici persero la partita 5. Io ascoltai il concerto 6. Voi decideste di partire 7. Il professore insegnò molto bene 8. Tu chiamasti il taxi

A. 4. Each student creates his/her own sentences

B. 1. 1. il cinque ottobre millenovecentottantasei 2. l'otto maggio duemila 3. il venti luglio millenovecentono vantotto 4. il diciotto giugno millenovecentottanta 5. il sette marzo millenovecentosettantuno 6. il dieci settembre millenovecentottantaquattro

B. 2. 1. a 2. in 3. a 4. in 5. in 6. a 7. in 8. a

C. 1. Caro Gianni 2. Egregio professor Rivi 3. Gentile signorina Prandi 4. Mio caro papà 5. Con i migliori auguri (also: tanti auguri) 6. Con affetto 7. Un grosso abbraccio 8. Buon Natale! 9. Buon Anno! 10. Buone vacanze! 11. Buona Pasqua a tutti! 12. Cari saluti

A. 1. 1. Penso che loro abbiano ragione; penso che voi abbiate ragione; penso che lei abbia ragione
2. Speriamo che i ragazzi arrivino in orario; speriamo che voi arriviate in orario; speriamo che tu arrivi in orario 3. Credi che Luigi abbia capito? Credi che io abbia capito? Credi che noi abbiamo capito?
4. Temono che le sue sorelle non vengano alla festa; temono che voi non veniate alla festa; temono che tu non venga alla festa 5. Credo che loro partano domani; credo che voi partiate domani; credo che tu parta domani 6. Roberto pensa che tu lavori troppo; Roberto pensa che io lavori troppo; Roberto pensa che voi lavoriate troppo

A. 2. 1. Credo che in quella pinacoteca ci siano più di mille quadri 2. Credo che la tua scuola sia molto famosa
3. Credo che Loretta voglia imparare a giocare a tennis 4. Credo che a voi piaccia molto sciare
5. Credo che i tuoi amici abbiano organizzato una gita in campagna 6. Credo che tu preferisca mangiare il pesce stasera, vero? 7. Credo che Armando cominci a lavorare la prossima settimana 8. Credo che i figli di Silvia sappiano nuotare molto bene

B. 1. 1. ascoltiate 2. riceva 3. suoni 4. segua 5. sappiano 6. stiamo 7. possa 8. vada

B. 2.   Each student creates his/her own sentences

C. 1.   1. Pare che il postino sia arrivato in anticipo oggi   2. Pare che lo studente si sia addormentato in classe   3. Pare che i genitori di Claudia siano andati all'ospedale   4. Pare che tu non abbia capito la lezione   5. Pare che Francesca abbia dipinto un bellissimo quadro   6. Pare che i giornalisti abbiano fatto domande molto difficili   7. Pare che quel signore abbia l'abitudine di parlare troppo mentre mangia   8. Pare che il dottore non abbia ancora telefonato a Marisa

C. 2.   1. Sì, credo che sia venuta   2. Sì, credo che abbiano mangiato   3. Sì, credo che abbia telefonato   4. Sì, credo che abbiano fatto una passeggiata   5. Sì, credo che siano arrivati   6. Sì, credo che si siano svegliati   7. Sì, credo che si sia addormentata   8. Sì, credo che si siano incontrate al mare

D. 1.   1. Angela crede di essere molto intelligente   2. Voi pensate di andare a teatro stasera   3. Speriamo di non essere ammalati (e)   4. Hai paura di perdere il treno?   5. Temo di essere in ritardo per la partita   6. Loro pensano di andare in vacanza tra una settimana

D. 2.   1. Io penso che Enrico parta fra due ore   2. Tuo padre crede che Enrico sia un bravissimo cuoco   3. I tuoi fratelli temono che Enrico non abbia abbastanza soldi per la vacanza   4. Mi dispiace che Enrico disturbi i vicini di casa   5. Anna pensa che Enrico torni a casa domani   6. Ho paura che Enrico abbia sbagliato strada

Capitolo 17

A. 1.   1. parlassi   2. aiutasse   3. arrivassero   4. voleste   5. desse   6. fosse   7. fossero   8. avesse

A. 2.   1. Giorgio credeva che voi sapeste suonare la chitarra; Giorgio credeva che loro sapessero..... Giorgio credeva che io sapessi.....   2. Speravo che tu studiassi di più; speravo che loro studiassero.... speravo che voi studiaste...   3. Pensavamo che voi partiste immediatamente; pensavamo che tu partissi.... pensavamo che loro partissero...   4. Gina pensava che tu fossi spagnola; Gina pensava che loro fossero spagnoli (e); Gina pensava che Roberta fosse spagnola   5. Credevo che lei non bevesse bevande alcoliche; credevo che voi non beveste... credevo che loro non bevessero...   6. Luisa aveva l'impressione che voi steste malissimo; Luisa aveva l'impressione che io stessi... Luisa aveva l'impressione che noi stessimo...   7. Pensavo che lei guardasse la televisione più spesso; pensavo che voi guardaste.... pensavo che loro guardassero....   8. Il dottore pensava che voi faceste almeno una passeggiata al giorno; il dottore pensava che tu facessi.... il dottore pensava che noi facessimo...

B. 1.   1. Sì, credo che avesse già apparecchiato la tavola   2. Sì, credo che fosse già partita   3. Sì, credo che avessero già comprato la casa   4. Sì, credo che fossero già arrivate   5. Sì, credo che si fosse già laureata   6. Sì, credo che avesse già cominciato a lavorare   7. Sì, credo che avesse già fatto la spesa   8. Sì, credo che fossero già andati via

B. 2.   1. Mi pareva che il cuoco non fosse ancora arrivato   2. Mi pareva che i suoi bambini avessero ricevuto dei bei voti a scuola   3. Mi pareva che la chiesa fosse stata restaurata da poco tempo   4. Mi pareva che Carlo avesse venduto la sua Lamborghini   5. Mi pareva che Luisa avesse imparato ad usare il computer perfettamente   6. Mi pareva che i ragazzi avessero fatto i compiti   7. Mi pareva che i nostri compagni avessero organizzato una festa   8. Mi pareva che Paola e Claudio non si fossero sposati

C. 1. 1. Tina mangia molto benchè sia a dieta   2. Francesco non studia mai benchè presto debba dare un esame   3. I bambini di Letizia hanno un buon cuore, benchè siano un po' viziati   4. Io vorrei fare questa gita, benchè non mi senta molto bene

C. 2. 1. Studio molto prima di dare l'esame   2. I signori Benassi preparano la loro villa prima che gli ospiti arrivino   3. Teresa prende un caffè prima di andare al lavoro   4. Preparo la cena prima che mio marito torni a casa   5. Andiamo al cinema prima che il film cominci   6. Chiudete la finestra prima di uscire   7. Voglio parlare a Mario prima che lui vada a casa   8. Ci laviamo le mani prima di mangiare

C. 3. 1. a meno che   2. nonostante   3. sebbene   4. a patto che   5. purchè   6. prima che   7. nel caso che   8. affinchè

D. 1. parli   2. faccia   3. sia   4. trovi   5. piaccia   6. abbia   7. capisca   8. siano

Capitolo 18

A. 1. 1. Se tu avessi molti soldi andresti in Italia tutti gli anni   2. Se voi studiaste di più prendereste dei bei voti   3. Se io potessi volare visiterei tutto il mondo   4. Se loro venissero in vacanza con noi si divertirebbero certamente   5. Se noi partissimo alle sette arriveremmo verso le dieci   6. Se Giorgio fosse libero verrebbe al ricevimento volentieri   7. Se tu mangiassi di meno dimagriresti sicuramente   8. Se Paola si iscrivesse a questa facoltà avrebbe dei bravi professori

A. 2. 1. Se lei avesse più tempo leggerebbe molti romanzi; se voi aveste più tempo leggereste...... se tu avessi più tempo leggeresti.....   2. Se io vivessi in Italia imparerei l'italiano facilmente; se noi vivessimo in Italia impareremmo ......   3. Se lei rimanesse qui un altro giorno potrebbe venire al concerto con noi; se voi rimaneste qui un altro giorno potreste venire..... se loro rimanessero qui un altro giorno potrebbero venire.....   4. Se lei andasse al mare nuoterebbe ogni giorno; se tu andassi al mare nuoteresti..... se io andassi al mare nuoterei.....   5. Se voi abitaste in Germania potreste parlare il tedesco molto spesso; se tu abitassi in Germania potresti...... se lei abitasse in Germania potrebbe.....   6. Se tu non capissi la lezione chiederesti spiegazioni all'insegnante; se loro non capissero la lezione chiederebbero...... se io non capissi la lezione chiederei.....   7. Se lei non bevesse tanto vino si sentirebbe meglio; se loro non bevessero tanto vino si sentirebbero...   se noi non bevessimo tanto vino ci sentiremmo.....   8. Se tu fossi un giornalista intervisteresti molti politici famosi; se loro fossero giornalisti (e) intervisterebbero......   se voi foste giornalisti (e) intervistereste.....

A. 3. 1. Se non fosse piovuto avremmo potuto giocare a golf   2. Se loro ti avessero invitato a cena avresti accettato volentieri   3. Se aveste visto questo film vi sarebbe piaciuto molto   4. Se io fossi stata meno impegnata avrei studiato il francese   5. Se i bambini fossero stati più ubbidienti i loro genitori sarebbero stati più contenti   6. Se tu mi avessi offerto un bicchiere di vino mi avresti fatto piacere   7. Se lei mi avesse venduto la sua moto gliela avrei pagata molto bene   8. Se Emilio fosse stato più gentile Elena lo avrebbe invitato a pranzo

B. 1. "Il nome della rosa" è stato scritto da Umberto Eco   2. "Madame Butterfly" è stata composta da Giacomo Puccini   3. La Divina Commedia è stata scritta da Dante Alighieri   4. L'Orlando Furioso è stato scritto da Ludovico Ariosto   5. La Gioconda è stata dipinta da Leonardo da Vinci   6. La pila è stata inventata da Alessandro Volta   7. "La locandiera" è stata scritta da Carlo Goldoni   8. La radio è stata inventata da Guglielmo Marconi

C. 1.   1. Tu fai pulire il garage alle tue figlie   2. Noi facciamo riparare il computer all'impiegato   3. Loro fanno prendere le medicine alla bimba ammalata   4. Gisella fa pubblicare il suo libro alla vostra casa editrice   5. Voi fate tagliare l'erba al giardiniere

C. 2.   1. Rosa, lasciale studiare!   2. Ragazzi, lasciatelo dormire!   3. Pierino, lasciala giocare!   4. Signori, lasciatelo parlare!   5. Mamma, lascialo entrare!   6. Enrica e Roberto, lasciateli partire!

D. 1.   1. inviate   2. eseguito   3. presentare   4. impartito   5. compiono

D. 2.   1. lasciatelo in pace!   2. lascia perdere!   3. lascia fare a noi!   4. lasciami in pace!

Finito di stampare nel mese di ottobre 2003
da Guerra guru s.r.l. - Via A. Manna, 25 - 06132 Perugia
Tel. +39 075 5289090 - Fax +39 075 5288244
E-mail: geinfo@guerra-edizioni.com